gente

Libro del profesor

Autores:
Ernesto Martín Peris
Neus Sans Baulenas

Revisión pedagógica y pilotaje:
Núria Sánchez

Coordinación editorial, redacción y corrección:
Agustín Garmendia, Eduard Sancho,
Maria Eugènia Vilà

Diseño:
Estudi Viola
Maquetación:
Montse Panadés

© Los autores y Difusión, S.L. Barcelona 1998

ISBN: 84-89344-25-6
Depósito Legal: B-30516/98

Impreso en España por Torres i Associats, S.L., Barcelona

DIFUSION

Centro de Investigación y Publicaciones de Idiomas, S.L.

C/Bruc, 21 1º 2ª - 08010 BARCELONA. Tel. 93 412 22 29 - Fax 93 412 66 60
e-mail: editdif@lix.intercom.es
http://www.difusion.com

gente.

Curso comunicativo basado en el enfoque por tareas

Ernesto Martín Peris
Neus Sans Baulenas

Libro del Profesor

NOTA DEL EDITOR

Más que un método

Gente es el primer curso de español basado en el enfoque por tareas. Sus componentes centrales son:

✔ El LIBRO DEL ALUMNO

Se compone de 11 secuencias que giran alrededor de un tema que fomenta el aprendizaje comunicativo y la conciencia intercultural. Va acompañado de una *Carpeta de audiciones* con la casete y un cuaderno con las transcripciones de los documentos sonoros.

ISBN: 84-89344-23-X

✔ El LIBRO DE TRABAJO Y RESUMEN GRAMATICAL

Proporciona ejercicios centrados en aspectos particulares del sistema lingüístico que se trabajan en las actividades del *Libro del alumno*. Contiene, además, una exhaustiva gramática de

consulta que también sigue la progresión del *Libro del alumno*. Va acompañado de una *Carpeta de audiciones*, con la casete y un cuaderno con las transcripciones de los documentos sonoros.

ISBN: 84-89344-24-8

✔ La GUÍA DE SOLUCIONES DEL LIBRO DE TRABAJO

Un interesante útil con las soluciones de los ejercicios del *Libro de trabajo*.

ISBN: 84-89344-47-7

✔ El LIBRO DEL PROFESOR

ISBN: 84-89344-25-6

En torno al núcleo central de GENTE 1 (**Libro del alumno**, **Libro de trabajo y resumen gramatical** y **Libro del profesor**) se han diseñado una serie de materiales complementarios, en diferentes soportes, de gran utilidad tanto para la programación del trabajo del aula como para el trabajo individual del alumno:

GENTE QUE LEE

Novela-cómic cuya intriga discurre paralela a los temas, las formas gramaticales, las funciones y el vocabulario de GENTE 1. Tras cada secuencia de lecciones, los alumnos estarán en disposición de comprender completamente un capítulo.

ISBN: 84-89344- 34-5

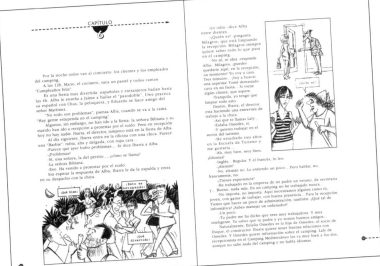

GENTE QUE CANTA

CD con 11 canciones (más sus versiones instrumentales para hacer karaoke), de todos los estilos, cuyas letras siguen los temas, las estructuras gramaticales y el vocabulario de las lecciones de GENTE 1. También está disponible una versión en casete.

ISBN: 84-89344-55-8

GENTE DE LA TELE

Vídeo que contiene fragmentos de espacios televisivos de muy diverso género (concursos, reportajes, anuncios, series, etc.), seleccionados por su afinidad con los temas de las lecciones de GENTE 1.

ISBN: 84-89344-32-7

Va acompañado de una **GUÍA** con propuestas para su uso en clase.

ISBN: 84-89344-33-7

ÍNDICE

1. EL APRENDIZAJE MEDIANTE TAREAS CON GENTE

Las tareas como instrumentos al servicio del aprendizaje de una lengua representan la última fase en la evolución de la enseñanza comunicativa. En GENTE se adoptan los principios generales del enfoque mediante tareas, asumiendo el reto de plasmarlos en un material publicado y, por tanto, fijado de antemano.

1.1. Los principios generales del modelo de las tareas

1.1.1. La definición de la tarea

Los diversos autores que han tratado el tema de las tareas coinciden en señalar su carácter de **actuación lingüística** (a) insertada en un contexto de uso que viene dado por la realidad del aula, **comparable** (b) a las actividades lingüísticas que de forma natural tienen lugar fuera del aula y **estructurada pedagógicamente** (c) de acuerdo con la realidad de los respectivos grupos de aprendizaje.

a) Por **actuación lingüística** se entiende que los alumnos se sirven de la lengua que están aprendiendo para llevar a cabo una actividad en la cual no sólo se utilizan determinados recursos lingüísticos (vocabulario, funciones, estructuras sintácticas, prosódicas, etc.) sino que se ejercitan determinados procesos: de control de la comunicación, de referencia al contexto de uso, etc.

b) Al decir que es **comparable** a las actividades lingüísticas externas al mundo del aula, se afirman dos cosas. En primer lugar, que se trata de una actuación lingüística ligada a una determinada intención, no necesariamente de orden lingüístico, sino más bien de orden generalmente extralingüístico. En ese sentido, dicha actuación tiene las siguientes características:

- Incorpora de manera simultánea o sucesiva la activación de las diversas destrezas lingüísticas (interacción oral, expresión y comprensión de textos orales y escritos).
- Trabaja simultáneamente distintos planos de la lengua: fonético, morfosintáctico, pragmático.
- Se mueve en unidades lingüísticas (texto y discurso) superiores a la oración y al enunciado; trabaja los contenidos lingüísticos enlazando adecuadamente las unidades de rango inferior para construir otras de rango superior.
- Se guía, en su desarrollo, por la intención que ha generado el inicio de la actividad.

En segundo lugar, se caracteriza por el hecho de que no es necesariamente idéntica a las actuaciones lingüísticas externas al aula. Esto significa lo siguiente:

- Su "autenticidad comunicativa" le viene dada por la relación que establece entre los usos lingüísticos que promueve y el contexto en que éstos se realizan. Esta relación es idéntica a la que se da en las actividades externas al aula.
- El tipo de actividades que darán origen a las tareas puede inspirarse en actividades de uso del mundo externo al aula, pero también en actividades más propias del aula. Las primeras tendrán una mayor semejanza con los tradicionales juegos de personajes o situacionales; mientras que en las segundas, los alumnos realizarán la actividad desde su propia identidad real y sin la necesidad de crear un contexto situacional ficticio.
- En cualquier caso, la actuación lingüística del aula, en forma de tarea, incluirá en su mismo desarrollo momentos de observación de la forma lingüística y no sólo del contenido de la comunicación.

c) Al afirmar que la tarea está **estructurada pedagógicamente**, se está tomando en consideración lo que se acaba de decir en el párrafo anterior, esto es, no se trata únicamente de realizar una actividad, sino que se dan unas condiciones determinadas:

- La actuación se justifica en la medida en que conduce a un progreso en el aprendizaje.
- Los alumnos han de poder llevarla a cabo efectivamente.

Ambas condiciones repercuten en el conjunto de actividades de rango inferior que componen la tarea y que tienen relación con la selección de contenidos que se efectuará.

1.1.2. La estructura de la tarea: el producto como motor de la actuación

Para reproducir en el aula los procesos de uso de la lengua que los hablantes nativos realizan en sus actividades lingüísticas habituales, es necesario encontrar mecanismos que los disparen. Esos mecanismos están ligados a la intención con que se inicia toda actividad lingüística.

En este sentido hay que tener presente que las intenciones con que alumnos y profesores llegan al aula son exclusivamente de orden discente. Es decir, vamos al aula para aprender. Los distintos artilugios didácticos que desde siempre se han introducido en las aulas han tenido un carácter vicario del aprendizaje; en el aula no queremos comprar un billete de tren, ni invitar a unos amigos a nuestra casa, ni protestar mediante un escrito al director de un periódico. Esas actividades son sólo excusas para alcanzar más fácilmente nuestro verdadero propósito, que es aprender. Las tareas, también.

> **Lo que queremos aprender viene dado por los objetivos de nuestro programa. La forma en que lo aprenderemos viene dada por la metodología que apliquemos.**

En el caso de las tareas, la metodología pasa por encontrar unas razones (más o menos ficticias) que disparen la **activación de unos procesos de uso reales** (éstos, completamente auténticos).

Así es como llegamos al concepto del **producto** de la tarea, es decir, el objetivo primordial de la tarea gira en torno a la obtención de un determinado producto. La definición de este producto y su fijación como meta en una unidad didáctica es lo que permite la necesaria introducción (de manera artificial) en el aula de esas intenciones que los hablantes nativos tienen de manera natural, derivadas de sus propias necesidades en la vida.

Una vez definido el producto y asumida la obligación de obtenerlo, podemos afirmar que todos los alumnos se guiarán en el aula (además de por las intenciones de aprendizaje: objetivos del programa) por unas **intenciones comunicativas ligadas a la consecución de dicho producto.**

En este sentido, cabe resaltar la arbitrariedad de la selección de productos en relación con los contenidos y los procesos de comunicación. Los criterios para la elección de los productos están sobre todo vinculados a su capacidad para motivar a los alumnos, al interés que puedan ofrecer y al grado de implicación que sean capaces de despertar; sin estos requisitos es difícilmente imaginable que la conexión producto-intenciones-procesos sea efectiva. Ahí reside parte del secreto de las tareas.

Finalmente, hay que señalar que la existencia de un producto cumple otras funciones complementarias:

- Marca los **límites de la tarea**: hasta que no se ha conseguido el producto no puede darse por finalizada la unidad didáctica.
- Permite **contrastar la capacidad de uso actual** del alumno y sus necesidades de aprendizaje. La experiencia en la realización del producto confronta al alumno con sus carencias en su dominio de la lengua, pero también con sus intereses.
- De este modo, las tareas fomentan la **autoevaluación** y el **desarrollo de la autonomía** en el aprendizaje.

1.1.3. El papel del profesor

Las tareas exigen una reorientación de algunos aspectos referentes al papel de los profesores:

- El hecho de que el producto sea algo que todos los alumnos tienen que conseguir, y que pueden hacerlo con distintos grados de corrección, perfección y adecuación, requiere del profesor una **atención al desarrollo** de la tarea. El profesor deberá intervenir de manera acorde a las necesidades que vayan surgiendo. Éstas pueden contemplarse tanto en sentido positivo (elevando el nivel de exigencia en determinados alumnos, o en el grupo en su conjunto) como negativo (reduciendo ese nivel), también desde un punto de vista logístico, haciendo más complejos o simplificando determinados procedimientos, abreviando otros, etc.
- El desarrollo de la autonomía de los alumnos exige que los profesores actúen como **asesores** que aconsejan e informan sobre las necesidades individuales y las posibilidades de trabajo personal.

1.1.4. ¿En qué se distingue el enfoque mediante tareas de los enfoques anteriores?

En los enfoques anteriores, la programación de la enseñanza se realizaba yendo de la lengua a las actividades; primero se llevaba a cabo un análisis de la lengua, que suministraba unas determinadas unidades lingüísticas (en el caso del enfoque comunicativo, un análisis de la lengua en términos de discurso y de pragmática ha proporcionado unidades nociofuncionales), que constituían la base de la programación. Un determinando conjunto de dichas unidades originaba una unidad didáctica, que daba pie a actividades de uso.

En las propuestas mediante tareas, el recorrido es a la inversa, es decir, **de las actividades a la lengua**. Se parte de actividades de uso, y en ellas hacen acto de presencia las unidades resultantes de los análisis lingüísticos. En este sentido, las tareas recogen los frutos de los análisis pragmáticos y del discurso, y los incorporan, junto a las unidades de otro orden (vocabulario, morfosintaxis, etc.), al contenido de las unidades didácticas.

Así pues, vemos que en el enfoque por tareas la selección de los contenidos lingüísticos de diversos órdenes está ligada, en cada unidad didáctica, a las características y las exigencias del producto, así como a los procesos previos necesarios para la elaboración de ésta. Son estos elementos los que hacen necesaria su inclusión y la justifican. Lógicamente, una misma tarea, un mismo producto, puede adoptar formas muy diversas y niveles lingüísticos muy diferentes, de manera que es factible graduar las características de una tarea adaptándolas al nivel de un determinado grupo.

1.1.5. Las ventajas del modelo

Con todo ello, constatamos que el enfoque por tareas:
- Facilita **la ejercitación de los procesos de comunicación**, y no sólo de los contenidos necesarios para ella. De ese modo, contribuye de manera más eficaz al desarrollo de la competencia comunicativa.
- Permite vincular **procesos de uso y procesos de aprendizaje** de la lengua. Contribuye, así, de manera más eficaz al aprendizaje de las reglas de la lengua.
- Posibilita la realización de actividades de aprendizaje efectuadas desde **niveles de competencia diferentes**. Todos los alumnos pueden conseguir el producto y, al hacerlo, todos pueden progresar en su aprendizaje. De ese modo, contribuye a un **aprendizaje más autónomo**, más personalizado y más efectivo.

1.2. Las tareas en GENTE

GENTE representa una adaptación del modelo de las tareas. Respeta el principio del producto como motor de las tareas y lo adapta a las circunstancias de un manual. Veamos en qué consiste esta adaptación:

- Los grupos destinatarios son múltiples. Por lo tanto, los temas elegidos y los productos seleccionados han de ser susceptibles de aplicación en contextos muy diversos. GENTE reduce al mínimo imprescindible la definición de características del producto, sin que ello dificulte su ejecución en los términos que establece, aunque permite que la intervención del grupo (profesor y alumnos) modifique temas y productos adecuándolos a su situación particular.

- GENTE, además, propone, siempre que es posible, una extensión de la tarea al contexto local y a las experiencias personales de los integrantes del grupo. Los viajes de ida y vuelta entre el libro, la realidad del mundo hispano y la realidad de los grupos son constantes.

- Un libro exige una estructura más o menos fijada de antemano, que corre el riesgo de actuar como un corsé para algo tan vivo como pretenden ser las tareas. GENTE ha querido hacer de esa limitación una virtud. Facilitar una estructura fija a aquellos profesores que decidan adoptar el modelo de tareas utilizando un manual contribuirá a la fluidez en el desarrollo de sus clases.

- Los contenidos necesarios para la elaboración del producto pueden preverse de antemano, pero en su última concreción están sujetos al contraste con la realidad del grupo y sus integrantes. GENTE proporciona en el *Libro del alumno* los contenidos mínimos necesarios para todo grupo, al tiempo que ofrece un *Libro de trabajo* como herramienta indispensable desde tres puntos de vista: como archivo de actividades, como agenda del aprendizaje y como consultorio lingüístico.

De este modo, los grupos de aprendizaje encontrarán en GENTE una propuesta de aprendizaje mediante tareas, once concretamente. En torno a cada una de ellas se organiza una unidad didáctica, llamada secuencia. Ésta se compone a su vez de cuatro lecciones precedidas por una actividad de introducción. En la tercera lección de cada secuencia se elabora el producto de la tarea. La cuarta lección ofrece actividades relacionadas con los temas de la secuencia que están encaminadas al desarrollo de la conciencia intercultural. En la sección 2.2 de esta introducción encontrará una descripción más detallada de cada una de las lecciones.

2. GUÍA GENERAL

2.1. Las secuencias de GENTE

☞ Programe las clases teniendo presente que el contenido de GENTE se agrupa en secuencias de cuatro unidades, cada una de ellas precedida de una introducción.

☞ Consulte, en la parrilla que incluye el índice de lecciones del *Libro del alumno*, la columna de cuatro lecciones con su introducción.

☞ Observe cuáles son las tareas que se plantean en la tercera lección. Tenga presente que antes de llegar a ellas, va a preparar a sus alumnos para su realización.

☞ Planifique cada una de las sesiones de clase tomando en consideración tanto el *Libro del alumno* como el *Libro de trabajo*.

☞ El material del *Libro de trabajo* está presentado en una secuencia que discurre paralelamente a la secuencia de actividades del *Libro del alumno*. Consúltela y decida sobre los distintos ejercicios:

- cuáles intercalará en las actividades de clase para preparar alguna actividad,
- cuáles intercalará entre dos lecciones para fijar lo aprendido,
- cuáles dejará para el final como repaso,
- cuáles dejará para el trabajo individual y autónomo de los alumnos.

2.2. Las unidades de GENTE

Para el trabajo con las distintas unidades de GENTE, encontrará información y recomendaciones en la segunda parte de este *Libro del profesor*. En este apartado le ofrecemos unos principios generales para cada uno de los cuatro tipos de lecciones de que consta GENTE.

De entrada, queremos remitirle a los criterios generales de la didáctica de las lenguas a los que todo profesor está acostumbrado, tanto en lo referente a las destrezas como a los contenidos:

- Las actividades de comprensión (auditiva o lectora) requieren la activación general de conocimientos previos, la realización de diversas audiciones o lecturas (con diversas técnicas), etc.
- Del mismo modo, las actividades de expresión se gradúan de las más guiadas a las más espontáneas, con distintas categorías de producción y distintos pasos: preparación, ensayo, actuación...
- La motivación y la conexión con el mundo de experiencias de los alumnos son requisitos inherentes a toda actuación discente.

En ese sentido, GENTE es un manual que, lejos de cualquier dirigismo, se apoya en la discreción y el saber hacer de los profesores, que aplicarán su experiencia y efectuarán las necesarias adaptaciones a su contexto particular. En este sentido, y en relación con la programación y secuenciación de sus clases, puede usted proceder como guste:

- Puede seguir, de forma inalterada, la secuencia que el libro presenta: un ejercicio tras otro, y luego abordar las actividades del *Libro de trabajo*.
- Puede seguir dicha secuencia, intercalando en cada momento aquellos refuerzos que considere necesarios y que encontrará en el *Libro de trabajo*.
- Puede también adoptar la secuencia que le parezca más conveniente en su caso.

2.2.1. Páginas "Entrar en materia"

QUÉ SON

----▶ Representan un primer contacto con el tema de la unidad.

Se presentan los objetivos de las cuatro lecciones de la secuencia y se describe la tarea (o tareas) que habrá que realizar en la tercera lección.

Los alumnos realizan actividades fundamentalmente receptivas y de comprensión, usando su intuición y conocimientos previos.

La imagen puede ser un estímulo para una ampliación del vocabulario relacionado con el tema y las tareas.

CÓMO PUEDE TRABAJAR

✓ Explote todos aquellos elementos de la imagen que resulten atractivos para sus alumnos.

✓ Aproveche las imágenes para introducir vocabulario.

✓ Realice preferentemente actividades de comprensión, en las que los alumnos no deban esforzarse en la producción.

✓ Reutilice los recursos lingüísticos ya aprendidos en lecciones anteriores que se revelen adecuados para el trabajo con esta lección.

Funciones primordiales del profesor durante la clase:

☛ Motivar para el trabajo con estos temas.
☛ Dirigir las actividades.

2.2.2. Lecciones "En contexto"

QUÉ SON

- - -▶ Estas lecciones presentan los contenidos temáticos de la secuencia, generalmente en forma de documentos con imagen, texto escrito y texto oral. Normalmente no hay más de dos de estos documentos, y muchas veces sólo hay uno.

Cada uno de estos documentos integrados va acompañado de una introducción en el apartado "Contexto", que sirve para completar la contextualización que ofrece la imagen. Cuando el documento no va acompañado de esa descripción del contexto, es porque se considera que éste es el contexto real del aula.

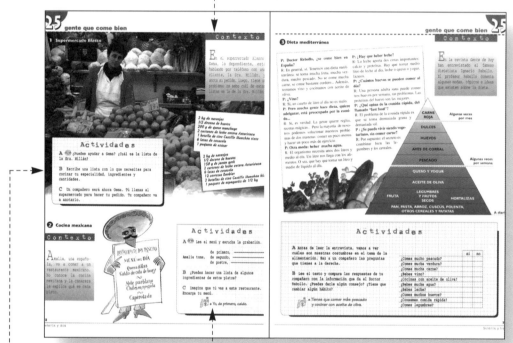

Cada documento lleva una explotación didáctica en el cuadro "Actividades".

La producción lingüística que se espera de los alumnos se presenta en muestras de diálogos que van precedidas de este icono:

CÓMO PUEDE TRABAJAR

✓ Introduzca el tratamiento del documento con sus técnicas habituales para facilitar una adecuada comprensión de la imagen y del contexto.

✓ Sírvase también de las prácticas didácticas habituales para preparar, realizar y comprobar la comprensión de textos escritos u orales.

✓ La producción de los alumnos es factible con el apoyo de las muestras, en las que generalmente sólo hay que introducir mínimas variaciones de vocabulario.

✓ No olvide que el dominio activo de los recursos lingüísticos tiene en cada secuencia de lecciones tres fases posteriores a esta lección:

- la lección siguiente "Formas y recursos",
- las actividades del *Libro de trabajo*,
- el "Consultorio lingüístico" del *Libro de trabajo*.

Funciones primordiales del profesor durante la clase:

☛ Preparar y comprobar la comprensión.
☛ Dirigir las actividades.

2.2.3. Lecciones "Formas y recursos"

QUÉ SON

--➤ En estas lecciones se introduce el trabajo de control activo de los diversos recursos lingüísticos (morfológicos, sintácticos, nociofuncionales...) necesarios para la realización de las tareas de la lección siguiente.

--➤ Todos estos recursos lingüísticos están descritos en una columna central con los contenidos mínimos necesarios, que son ampliados en el "Consultorio lingüístico" del *Libro de trabajo*.

--➤ La mayor parte de las actividades planteadas en esta lección son de práctica comunicativa. Ello no quiere decir que estén siempre basadas en exponentes nociofuncionales. Por comunicativo se entiende que son actividades para cuya ejecución no puede abandonarse la atención al significado de las expresiones lingüísticas que se están practicando, y que que se realizan en un contexto que suele ser la realidad del aula. Por esta razón suelen ser actividades en las que el alumno se implica personalmente en lo que dice, lee, escucha o escribe; en otras ocasiones son juegos o pasatiempos en los que el significado sigue siendo importante.

--➤ En las muestras de actuación de los alumnos se ha intentado, siempre que ha sido posible y rentable, incluir más de dos intervenciones, con el fin de proporcionar práctica en elementos lingüísticos dependientes del discurso (conectores, pronombres personales, adverbios...) y no sólo de las intenciones (nociones y funciones) o de la sintaxis (concordancias, régimen preposicional, etc.).

--➤ En estas lecciones es muy importante la comprensión de fenómenos lingüísticos y su correcta producción.

Ejercicios de práctica comunicativa a través de los cuales el alumno practica las expresiones lingüísticas de la lección en el contexto físico del aula.

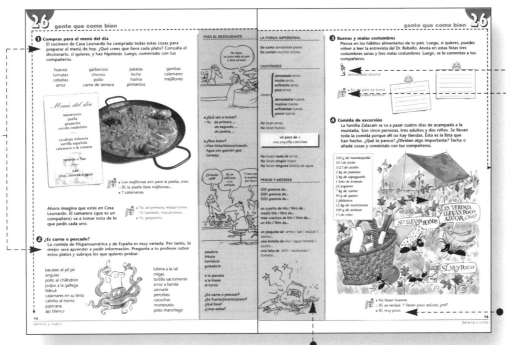

Iconos:
● producción escrita
● interacción oral

Se presentan muestras de actuación de los alumnos que muestran muchos de los esquemas nociofuncionales necesarios para la comunicación.

Columna central con los contenidos mínimos.

CÓMO PUEDE TRABAJAR

✓ Normalmente, cada actividad es autónoma. Es recomendable, sin embargo, seguir el orden marcado en el libro.

✓ Cualquier tema cuya ampliación o profundización sea de interés para el grupo puede ser desarrollado recurriendo a las actividades del *Libro de trabajo* y a su "Consultorio lingüístico".

✓ No olvide que en muchas lecciones, el *Libro de trabajo* le proporcionará actividades para la práctica (tanto comprensiva como productiva) de la pronunciación.

Funciones primordiales del profesor durante la clase:

☛ Preparar y controlar la producción.
☛ Clarificar cuestiones lingüísticas.

2.2.4. Lecciones "Tareas"

QUÉ SON

Como ya se ha señalado, en estas lecciones los alumnos realizan las tareas que articulan el ciclo de cuatro lecciones. Lo más importante es el **uso fluido y efectivo de la lengua.**

Más que en ninguna otra lección, aquí se lleva a cabo un trabajo en el que hay que integrar todas las destrezas lingüísticas.

Se trata de tareas para realizar en cooperación, bien en pequeños grupos, bien toda la clase en conjunto.

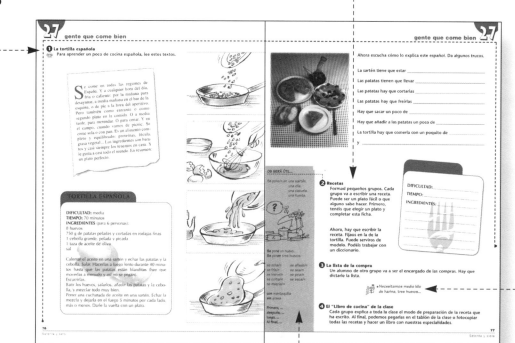

Al igual que en el resto del libro, en estas lecciones encontrará muestras para la actuación lingüística de los alumnos.

En muchas ocasiones, la doble página contiene recursos lingüísticos que no se han trabajado en la lección anterior, y que pueden ser útiles para la presentación del resultado de la tarea o para las actividades previas a su ejecución. Es el apartado "Os será útil".

CÓMO PUEDE TRABAJAR

✓ Es importante que los alumnos tengan conciencia de lo que se afirma en el último punto del apartado anterior: **fluidez y eficacia comunicativas.**

✓ Ello va estrechamente unido al conocimiento de las tareas que se van a realizar y a la conciencia de que hay que conseguir llevarlas a cabo. Ya han sido presentadas a los alumnos en las páginas introductorias ("Entrar en materia"), pero conviene recordarlas aquí.

✓ Es importante seguir el orden de las actividades tal como lo marca el libro. Ahora bien, si usted necesita intercalar fases no indicadas en el libro, hágalo sin ningún temor: ejercicios de pre-lectura o pre-audición, comprobación de la comprensión, etc.

✓ Sin embargo, tenga cuidado con introducir actividades que tengan como efecto anular la posibilidad de realizar las tareas tal como están previstas. Hay casos, por ejemplo, en los que los textos (orales o escritos) no son leídos u oídos por toda la clase, sino sólo por una parte, y la tarea consiste precisamente en intercambiar la información obtenida; si trabaja todos los textos con toda la clase, perderá la posibilidad de realizar la tarea.

Funciones primordiales del profesor durante la clase:

☛ Poner la realización de la tarea en manos de los alumnos.

☛ Coordinar la realización de las actividades.

☛ Estar atento a los problemas que puedan surgir, tanto organizativos como lingüísticos.

☛ Tomar nota de cuestiones lingüísticas en las que convenga insistir (*Libro de trabajo*) una vez finalizada la tarea.

2.2.5. Lecciones "Mundos en contacto"

QUÉ SON

→ En estas lecciones se estimula una reflexión intercultural que propicie y facilite la comprensión de realidades socioculturales diferentes, tanto de la sociedad del alumno frente a las sociedades hispanohablantes, como de éstas entre sí y de realidades internas de cada una de ellas.

→ Los temas presentados en estas lecciones han sido elegidos por tener alguna relación con el ámbito general de la secuencia y se caracterizan por incluir una gran cantidad de vocabulario pasivo que, en estas lecciones, es superior a las anteriores. Sin embargo, esto no supone un obstáculo para proponer un trabajo de actividades comunicativas a partir de estos textos. Pero siempre teniendo en cuenta que es material para su comprensión y, de ningún modo, para la producción de textos semejantes.

Estas lecciones contienen una cantidad de textos de lectura superior a la que es frecuente en cursos para principiantes. El objetivo es desarrollar la capacidad de comprensión más allá de las necesidades de supervivencia en un viaje ocasional, y el contacto con la realidad hispana a través de textos de prensa, literarios y de otros tipos.

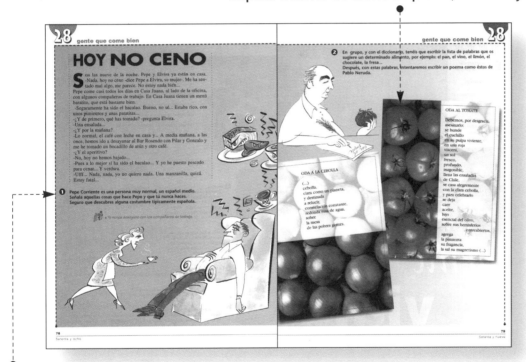

Siempre que ha sido posible, se ha propuesto una actividad en la que el tema se pone en relación con la propia experiencia de los alumnos.

CÓMO PUEDE TRABAJAR

✓ En estas lecciones, es fundamental la motivación y el trabajo de preparación para la comprensión. No sólo por las dimensiones de los textos, sino por el mismo hecho de tratar temas potencialmente ajenos al mundo de experiencias de los alumnos.

✓ Explote la imagen, recurra a la experiencia de los alumnos, etc. Active los conocimientos lingüísticos que ya tienen los alumnos para enfrentarse a estas actividades.

Funciones primordiales del profesor durante la clase:

☛ Clarificar los objetivos interculturales de la lección.

☛ Contribuir a la comprensión de los temas y los textos aportando los datos que más puedan ayudar a sus propios alumnos.

gente **que** estudia español

Vamos a tener un primer contacto con el español y los países en los que se habla.

También vamos a conocer a los compañeros de la clase.

16

Dieciséis

❶ El primer día de clase

Comprensión lectora y auditiva de nombres y apellidos.

FÍJESE EN QUE...
- La lista de alumnos de la imagen no está ordenada alfabéticamente; es el primer día y la numeración corresponde al orden de inscripción en la matrícula. (En la LEC.3/EJ.5, los alumnos tendrán que ordenarla alfabéticamente según el primer apellido.)
- En la audición aparecen una serie de recursos discursivos muy frecuentes en la lengua oral (**Soy yo, sí, ¿cómo?, perdona, ah, vale, gracias, de nada, a ver**...). Sin embargo, el alumno no precisa reflexionar sobre los mismos para poder realizar la actividad.

MÁS COSAS
- Puede comentar la existencia de dos apellidos en la cultura hispana y el uso que de ellos se hace: en general, el paterno (el primero) para la mayoría de las situaciones de la vida cotidiana y los dos apellidos (el paterno y el materno) para cualquier cuestión administrativa. Además, algunos hispano-hablantes con un primer apellido muy frecuente (Pérez, García, etc.) usan los dos siempre.
- Puede comentar asimismo la importancia de la sílaba tónica: **Valle** - **Vallés** (un alumno que se llama **Vallés** corrige a la profesora que ha leído **Valle**; y añade: **con ese al final**).

CLAVE DE RESPUESTAS
- No están **Mari Paz Rodríguez Prado** ni **Nieves Herrero García.**

❷ ¿Cómo suena el español?

Observación de la fonética del español.

FÍJESE EN QUE...
- Se utiliza el mismo documento que en el ejercicio anterior.

PROCEDIMIENTOS
- Lea en voz alta, y a un ritmo pausado pero natural, el nombre y apellidos de cada uno de los alumnos, y deje que sus alumnos escuchen en silencio.

MÁS COSAS
- Puede comentar con sus alumnos los sonidos del español que sean nuevos para ellos.
- También puede dejar que los lean en voz alta.
- Puede realizar el siguiente juego: usted lee uno de los nombres de la lista en voz alta y sus alumnos tienen que adivinar de quién se trata y decir los dos apellidos.

Profesor: **Cecilia** (alumna nº 08 de la lista).
Alumno 1: **Castro Omedes** (debe encontrar **Cecilia**, y leer en voz alta los dos apellidos).

Libro de trabajo: ❷

❶ El español y tú

Comprensión lectora e interacción oral sobre el español y su cultura.

FÍJESE EN QUE...

- En la columna de vocabulario existen varias palabras que son transparentes para hablantes de idiomas europeos: **los monumentos, el arte, la política, las fiestas, la naturaleza**. Anime a sus alumnos a enfrentarse al aprendizaje del español con imaginación y sin miedo al riesgo; hágales tomar conciencia de que no parten de cero; de que, sin saberlo, ya saben muchas cosas del español.

MÁS COSAS

- Para reforzar esta actitud ante la lengua y su aprendizaje, puede escribir las siguientes palabras en la pizarra o leérselas pausadamente. Sus alumnos seguramente ya conocerán el significado de muchas de ellas:

el restaurante - el teatro - la danza - la música - el hotel - la televisión - el aeropuerto - famoso - simpático - fabuloso - internacional - comercial

- Puede también leer o escribir frases como éstas:

Martina Hingis es una tenista fabulosa.
Woody Allen es un famoso director de cine.

❷ El español en el mundo

Comprensión auditiva y pronunciación de nombres de países latinoamericanos y de números.

FÍJESE EN QUE...

- En la votación, los nombres de los países se enumeran en orden alfabético. Comente a sus alumnos que en la pantalla ilustrada de la página 13 del *Libro del alumno* sucede lo mismo, con la particularidad de que el orden va por líneas horizontales y no por columnas verticales.
- Se supone que los países que no se nombran no han conseguido ningún punto. Presente aquí la construcción **cero puntos**.
- **Un punto/Uno**: para los países con 1 punto, los alumnos oirán **un punto**. Introduzca el término **uno** para la corrección.

MÁS COSAS

- Para practicar la pronunciación, puede realizar un juego con distintas variantes:
a) Un alumno dice cinco nombres de países y el siguiente tiene que decir otros cinco.
b) Un alumno dice cinco nombres y el siguiente repite la lista y añade uno.
c) Un alumno dice cinco nombres y el siguiente repite cuatro de esta lista y cambia uno (a su libre elección).

CLAVE DE RESPUESTAS

Bolivia: **3**	Colombia: **5**	Chile: **9**	Cuba: **2**
España: **1**	Guinea: **6**	Honduras: **8**	Panamá: **7**
Paraguay: **4**	R. Dominicana: **9**	Uruguay: **10**	

Libro de trabajo:

❶ Un juego: tres, cuatro, cinco...

Interacción oral en parejas sobre números del 0 al 9 y nombres y apellidos españoles.

FÍJESE EN QUE...
- En este juego proponemos que los alumnos lean los números de teléfono de una cifra en una cifra aunque lo habitual es agruparlos de dos en dos o de tres en tres.

PROCEDIMIENTOS
- La actividad se realiza en dos fases:
a) Uno elige un número al azar y lo lee en voz alta.
b) El otro debe asegurarse de que lo ha entendido (mejor si lo anota por escrito y luego lo repite en voz alta, para comprobarlo). Debe encontrarlo y leer los apellidos correspondientes.

MÁS COSAS
- Puede trabajar con toda la clase proponiendo el siguiente concurso: el profesor lee, con relativa soltura y rapidez, cinco números de teléfono, elegidos al azar. Los alumnos deberán identificarlos escribiendo sólo la letra inicial del nombre. Gana el que más números acierta.

P: **374512**.
A1: (anota la inicial del nombre) **A**.

- Puede hacer también otro concurso: lea los números de teléfono y los alumnos los copian.

❷ Un poco de geografía

Interacción oral en parejas sobre identificación de países latinoamericanos en un mapa.

FÍJESE EN QUE...
- El modelo del diálogo proporciona, además de los contenidos lingüísticos que se trabajan en esta actividad (**Yo creo que...**, **Esto es...**), esquemas conversacionales (**¿Perú? No, Perú es...**) y entonativos (**¿Perú?** / **Perú**).
- Los ocho países que tienen que identificar están marcados en el mapa con una tonalidad de color más intensa.
- En la columna de información gramatical encontrará las formas flexivas de género y número del demostrativo. En esta actividad sólo se usa la forma neutra, como recurso para señalar un objeto. Las otras se utilizan más adelante, en la LEC.3.

PROCEDIMIENTOS
- Cada pareja debe situar en el mapa los ocho nombres de la lista. La actividad no finaliza hasta que no lo han conseguido.
- Si una pareja duda o carece de información suficiente, puede unirse a otra, formando un grupo de cuatro.

MÁS COSAS
- Para la corrección, puede ir pasando por los distintos grupos o parejas. Haga que los alumnos le digan en forma afirmativa sus conclusiones, y en forma interrogativa sus dudas:

Esto es Uruguay.
¿Esto es Uruguay?

❸ Sonidos y letras

Comprensión auditiva de nombres y apellidos.
Observación de la correspondencia sonidos-grafías.

FÍJESE EN QUE...
- Si su grupo tiene una lengua vehicular común, lo más operativo será comentar en dicha lengua las reglas de correspondencia, procurando que sean los propios alumnos quienes las deduzcan a partir de la audición.

MÁS COSAS
- Una vez realizada la audición y la observación de las características de la grafía, puede dictarles algunos de estos nombres al azar, y los alumnos deben escribirlos correctamente. Puede formar conjuntos de un nombre y dos apellidos:

Hugo Guerra Gala
Rita Chaves Cobos
...

❹ ¿Qué ciudad es?

Interacción oral en parejas sobre ciudades del mundo hispano.

FÍJESE EN QUE...
- Las etiquetas de la compañía aérea GENTE AIR corresponden todas a ciudades del mundo hispano.

MÁS COSAS
- Si la actividad resulta difícil para sus alumnos, puede escribir en la pizarra los nombres de las ciudades; de esta forma, tanto el que elige como el que debe acertar tienen una pequeña pista.

Libro de trabajo: ❶ ❸ ❹ ❻ ❼ ❽ ❾ ⑩ ⑪ ⑫ ⑬ ⑭ ⑮ ⑯ ⑲

❶ ¿Quién es quién?

Interacción oral en parejas sobre personas famosas del mundo hispano.

PROCEDIMIENTOS

- Puede hacer el ejercicio en este orden:

a) Los dos alumnos miran el mismo libro, identifican a los diez personajes, y cuando están de acuerdo, escriben delante del nombre el número de la foto.

b) Cada pareja dice en voz alta sus soluciones.

CLAVE DE RESPUESTAS

1. Salvador Allende (presidente democrático de Chile derrocado en 1973 por Augusto Pinochet)

2. Conchita Martínez (tenista española ganadora del torneo de Wimbledon en 1994)

3. Miguel de Cervantes (escritor español autor de *El Quijote*)

4. Carmen Maura (actriz española habitual en las películas del director manchego Pedro Almodóvar)

5. Paco de Lucía (guitarrista de flamenco)

6. Rigoberta Menchú (líder indigenista de Guatemala y premio Nobel de la Paz en 1992)

7. Plácido Domingo (tenor español considerado uno de los grandes de la ópera mundial)

8. Juan Carlos I (Rey de España después de la dictadura de Franco)

9. Gloria Estefan (cantante cubana)

10. Pablo Picasso (pintor español autor del *Guernica*)

¿Conoces tú a otros personajes? ¿Cuáles?

PROCEDIMIENTOS

- Los alumnos trabajan en pequeños grupos. Se dicen mutuamente los nombres de los personajes famosos que conocen. Si sus compañeros de grupo no los conocen, deben deletrearles el nombre y el apellido.

- A continuación, y siguiendo el mismo procedimiento, cada grupo informa a la clase.

❷ El país más interesante (para nuestra clase)

Interacción oral sobre países hispanos y números del 1 al 20.

PROCEDIMIENTOS

Realice la actividad con el siguiente orden:

a) En primer lugar, cada alumno debe adjudicar una puntuación (3-2-1) a los tres países que despierten en él un mayor interés.

b) A continuación van leyendo en voz alta nombres y puntos, y el profesor u otro alumno los va anotando en la pizarra. Al final tendremos los tres países más atractivos, y sobre ellos podremos realizar la segunda parte de este ejercicio.

Si queréis, podéis buscar información sobre los países ganadores y presentarla a la clase.

FÍJESE EN QUE...

- Es posible que sus alumnos tengan acceso a una enciclopedia escrita en español. O pueden conocer a personas del país sobre el que van a buscar información. Es importante que desde el primer día tengan la conciencia y la experiencia de que pueden aprender más y mucho más deprisa si se enfrentan a la tarea de aprendizaje con un buen grado de autonomía. Por ejemplo, esto es lo que se encuentra en una enciclopedia en la entrada Nicaragua.

> **NICARAGUA, estado de América Central, que limita al N con Honduras, al E con el mar Caribe, al S con Costa Rica y al O con el Océano Pacífico; 139.000 km² (incluidos 9.000 km² de aguas interiores) y 2.409.576 hab. (17,3 por km²). Habitantes: nicaragüenses o nicaragüeños. Cap.: Managua. Cap. Pral.: León, Jinotega, Matagalpa, Granada, Masaya, Chinandega. Lengua oficial: español; otras lenguas: lenguas amerindias de la familia chibcha. La República de Nicaragua está dividida en 16 departamentos.**

- Todos los alumnos estarán ciertamente en condiciones de leer y entender una información de este tipo, aunque muy probablemente no puedan transmitirla de forma oral. Pueden traerla por escrito u optar por seleccionar aquellos contenidos que sí son capaces de transmitir oralmente.

- Si usted fotocopia este breve párrafo y lo trabaja en la clase, puede mostrarles cómo serán capaces de entenderlo.

- Lógicamente, otro tipo de documentos (imágenes o incluso música) pueden ser interesantes para provocar una breve actividad comunicativa.

3 Nombres y apellidos

Interacción oral en grupos de tres sobre nombres y apellidos.

> **PARA SU INFORMACIÓN**
> - Muchos nombres pueden funcionar en español como apellido, aunque no a la inversa. De hecho, gran parte de los apellidos son derivados de un nombre (**Martínez** = **De Martín**; **Rodríguez** = **De Rodrigo**).

FÍJESE EN QUE...

- Se facilita a los alumnos la estrategia de pensar en personas famosas de la cultura hispana, lo cual puede facilitarles la identificación de lo que es nombre y lo que es apellido.

- Sin embargo, hay que tener presente que este mecanismo no siempre funcionará, porque en ocasiones una persona es más conocida por sus dos apellidos. Es el caso, por ejemplo, del escritor **García Márquez**; esto puede inducir al error de creer que el nombre es **García**, cuando de hecho es el apellido.

4 La lista

Interacción oral sobre identificación personal y números de teléfono.

FÍJESE EN QUE...

- En esta actividad, cada alumno debe ser capaz de escribir la lista completa de la clase, con nombres, apellidos y números de teléfono.

- En el apartado "Nombres y teléfonos" encontrará los recursos que necesitarán. Además, en la columna central de la página 15 hay otras construcciones útiles para la realización de esta actividad: **¿Cómo se escribe?**, **¿Se escribe con be o con uve?**, etc.

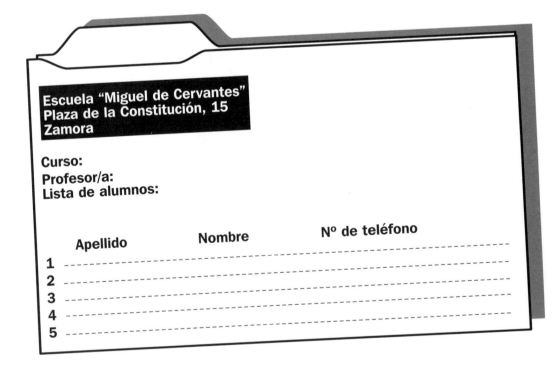

Escuela "Miguel de Cervantes"
Plaza de la Constitución, 15
Zamora

Curso:
Profesor/a:
Lista de alumnos:

	Apellido	Nombre	Nº de teléfono
1			
2			
3			
4			
5			

PROCEDIMIENTOS

- Antes de empezar la actividad, puede hacerles preparar una hoja de papel con la plantilla que van a rellenar. También puede llevarla usted previamente preparada y fotocopiada, y repartírsela.
- Para completar la lista, los alumnos, lógicamente, deben levantarse y moverse por la clase. Cada alumno debe hablar con todos sus compañeros.
- Al final, cada alumno tendrá una lista completa de todo el grupo. Finalizada la actividad, uno de los alumnos pasa lista a la clase. Puede aprovechar la ocasión para que los demás comprueben que su lista está bien. Se propicia así el uso de los exponentes de identificación personal y control de la comunicación que han ido apareciendo a lo largo de la secuencia.

MÁS COSAS

- Si sus alumnos se conocen suficientemente entre sí, propóngales que adopten una nueva personalidad para este ejercicio, con nombres y apellidos españoles. Para ello pueden elegir una combinación de nombre y apellidos de entre todos los que aparecen a lo largo de la secuencia (LEC.1/EJ.1, LEC.2/EJ.1, LEC.2/EJ.3, LEC.3/EJ.1 y LEC.3/EJ.3).
- Esta actividad puede ser también una buena ocasión para practicar la pronunciación.
- Es importante que cada uno apunte o memorice bien su nueva identidad, pues al pasar lista tendrá que responder.

5 De la A a la Z

Interacción oral sobre el alfabeto.

PROCEDIMIENTOS

- Los alumnos trabajan con el documento de la LEC.1/EJ.1. Tal como indica la muestra de diálogo, ordenan la lista alfabéticamente, por apellidos.

Libro de trabajo: **20**

Las actividades de esta lección pretenden estimular una reflexión crítica sobre los tópicos con que nos aproximamos al mundo hispano. Cada cultura es plural y diversa, y no responde a estereotipos. Por eso algunas de las fotos no son unívocas.

EL MUNDO DEL ESPAÑOL

Comprensión lectora.

FÍJESE EN QUE...

- Aunque sólo estamos al final de la primera secuencia, los alumnos ya están en condiciones de entender la información de este texto. El objetivo de esta lectura es transmitir dicha información y desarrollar estrategias de comprensión lectora. Por eso no es necesario que los alumnos entiendan todas las palabras y expresiones que aparecen.

PROCEDIMIENTOS

- Pídales a sus alumnos que lean en silencio todo el texto sin detenerse en las expresiones que no entiendan.
- Léalo usted después en voz alta, a un ritmo pausado, y pídales que sigan la lectura mirando el texto en silencio: su entonación y pausas les servirán de ayuda.
- Pregúnteles luego qué han entendido del mensaje del texto: los alumnos podrán repetir frases tal cual están en el texto, o tal vez las modificarán. No dé importancia a los errores lingüísticos que puedan cometer: lo importante es comprobar lo que se ha entendido. Si tiene una clase monolingüe, pueden usar su propia lengua.

1 ¿Puedes decir de qué país son estas fotos?

Interacción oral sobre fotografías del mundo hispano.

FÍJESE EN QUE...

- Como ya se ha señalado, no todas las fotos responden a imágenes clásicas del mundo hispano. Por eso se ofrecen las soluciones al pie de la página.
- Los alumnos trabajarán a partir de su intuición. Fíjese en la respuesta, que finaliza con **creo**, un recurso habitual para evitar afirmaciones contundentes.
- Se sugiere que los alumnos formulen preguntas (**¿La tres es España?**) con la entonación adecuada.

2 El español también suena de maneras diferentes

Observación de las variantes regionales de pronunciación.

FÍJESE EN QUE...

- En la primera versión hablan dos argentinos, en la segunda un canario con una andaluza y, en la tercera, un castellano con una vasca.
- El objetivo es únicamente sensibilizar a los alumnos sobre la existencia de distintas formas de pronunciar. Puede decirles por curiosidad el origen de los hablantes, pero sin insistir en los detalles ni pedirles que los identifiquen. Puede ser también el momento de desmitificar la idea de una variante mejor.

Gente que canta: "**¿Cómo se llama usted?**"
- En esta canción encontrará algunos hipocorísticos muy comunes en español.
- Hasta fechas recientes eran pocos los nombres que tenían esta forma familiar, y además estaban todos muy codificados. Actualmente el fenómeno ha alcanzado una extensión muy general, especialmente entre los jóvenes, que acuñan nuevas formas para darle un tono más familiar a su nombre. **Mamen** o **Mayca**, por **Mari Carmen**, serían un buen ejemplo.
- Puede pedir a los alumnos que anoten, tras varias audiciones de la canción, el mayor número posible de nombres de pila y sus correspondientes hipocorísticos.

Gente que lee: **capítulo 1**
- El capítulo 1, todo él en versión cómic, contiene muchos de los elementos aprendidos en esta lección.
- Aunque en él aparecen algunas formas que los alumnos aún no han visto, podrán entenderlo sin mayores problemas.
- Puede sugerirles a los alumnos que rellenen la ficha de la pantalla del ordenador (página 9) con los datos de los otros personajes. O, si lo prefieren, con los suyos propios.

ALBERTO

DIEGO

SILVIA

gente con **gente**

5 6 7 8

Vamos a organizar un grupo de turistas. Para hacerlo, tenemos que aprender a:

✔ pedir y dar información sobre personas,
✔ expresar nuestra opinión sobre los demás.

1 **¿Quiénes son?**

Comprensión lectora e interacción oral sobre datos personales.

> **PARA SU INFORMACIÓN**
> - Las personas de las fotos no son modelos profesionales sino personas que se han prestado para aparecer en esta página con sus nombres, edades y profesiones reales. Éstos son sus datos:
> **Agustín:** 30 años, español, profesor de español.
> **Alberto:** 27 años, latinoamericano, camarero.
> **Diego:** 16 años, español, estudiante.
> **Mireia:** 22 años, española, trabaja en una editorial.
> **Rosa:** 40 años, latinoamericana, socióloga.
> **Silvia:** 47 años, española, ama de casa.

PROCEDIMIENTOS
- En esta primera fase, cada alumno trabaja individualmente, escribiendo sus fichas con los datos que tiene en las columnas. Lo importante es que entiendan las expresiones y las asignen a un personaje; acertar o no es secundario.
- El juego consiste en encontrar los datos correctos basándose únicamente en su intuición. Ello es sólo una excusa para introducir vocabulario.

Compara tus fichas con las de dos compañeros

PROCEDIMIENTOS
- En grupos de tres, los alumnos intercambian sus puntos de vista siguiendo el esquema que se les ofrece (adaptándolo, lógicamente, a la conversación), y apoyándose en las fichas que han rellenado.

MÁS COSAS
- Puede practicar la entonación interrogativa para la comprobación de los datos:

A1: **¿Agustín es estudiante?**
P: **No, es profesor de español.**

2 **¿De quién están hablando?**

Comprensión lectora y auditiva de opiniones sobre personas.

FÍJESE EN QUE...
- En esta actividad se presenta la valoración de personas para su comprensión, sin dar aún el paso a la expresión: vocabulario, estructuras y entonación son nuevos para los alumnos.
- Al igual que en la actividad anterior, la respuesta se basa en la apreciación subjetiva de los alumnos. Puede presentarles la forma de expresar dicha valoración: **Yo creo que están hablando de...**

A1: **Yo creo que están hablando de Agustín y de Rosa.**
A2: **Pues yo creo que están hablando de Diego y de Mireia.**

❸ Las formas de los adjetivos

Observación de la flexión de género.

FÍJESE EN QUE...

- Debe estimular a los alumnos para que formulen hipótesis sobre las formas lingüísticas. Lo importante no es que den con la respuesta correcta (ésta se la puede facilitar usted luego y, además, la encontrarán en la página 24) sino que se acostumbren a hacerse preguntas y darse respuestas sobre las formas lingüísticas.
- De los textos de la audición del EJ.2, pueden deducir que algunos adjetivos tienen una única forma: **agradable, egoísta, pedante, inteligente.**
- Si no conocen el concepto de "adjetivo", puede introducirlo con las expresiones del texto:

persona agradable
mujer inteligente

- Puede hacerles observar que los adjetivos pueden estar en diversos grados: **muy agradable, poco agradable, nada agradable.**

CLAVE DE RESPUESTAS

Masculinos: **simpático, trabajador.**
Femeninos: **antipática.**
Formas comunes en masculino y en femenino: **agradable, egoísta, inteligente, pedante.**

Libro de trabajo:

1 La gente de la calle Picasso

Comprensión lectora y auditiva de informaciones y opiniones sobre personas.

FÍJESE EN QUE...
- En esta doble página se presentan los contenidos lingüísticos básicos de la secuencia. Todas las actividades son fundamentalmente receptivas.

PROCEDIMIENTOS
- Antes de entrar en las actividades propuestas en la página 23, puede trabajar un poco la imagen y el texto de la página 22 (apartado "Contexto"). Con el vocabulario de este apartado puede hacer a sus alumnos preguntas como las siguientes (sin agotar el texto), para que las contesten mirando la imagen:

P: **¿En qué casa vive un niño / una niña / una persona mayor / una persona que toca el piano...?**
A1: **En la número X.**

- Puede enriquecer la actividad introduciendo la lectura de los textos de las dos páginas, como una continuación del diálogo anterior:

P: **¿Y cómo se llama ese niño / esa niña...?**
A1: **Manuel.**

- Luego, los alumnos pueden jugar (en pequeños grupos, o todos juntos) repitiendo este mismo esquema de conversación, pero siendo uno de ellos quien hace las preguntas. Le será útil presentar expresiones como éstas para que las utilicen los alumnos:

¿Cómo dices?
¿Puedes repetir la pregunta?

CLAVE DE RESPUESTAS
1. Hablan de **Uwe Sherling** y **José Luis Baeza**. Son **buenos chicos.**
2. Hablan de **Beatriz Salas** y **Jorge Rosenberg**. Son **muy simpáticos y muy majos.**
3. Hablan de **Maribel Martínez**. Es **muy trabajadora.**
4. Hablan de **Raquel** y **Sara Mora**. Son **gemelas.**
5. Hablan de **Silvia Bigas**. Es **muy guapa.**
6. Hablan del **novio de Tecla**. Es **pintor.**

Libro de trabajo: **2** **3** **4** **5** **16** **18**

1 Personas famosas

Expresión oral en grupos sobre nombres de profesiones y adjetivos de nacionalidad.
Observación de la flexión de género.

FÍJESE EN QUE...

- Hasta el momento han estado usando los tiempos verbales acompañados de sujetos, bien pronombres personales (**yo creo, yo pienso**...), bien demostrativos (**éste, esto**). Ahora empiezan a usar verbos sin necesidad de mencionar el sujeto (mencionado ya por otro interlocutor) ni de poner el pronombre personal.
- A lo largo de todo el libro será muy frecuente esta alternancia, que podría inducir a erróneas hipótesis por parte de sus alumnos: dado que la primera persona aparece muy frecuentemente con el pronombre **yo**, podrían deducir que este pronombre es obligatorio. En realidad, la frecuencia con que aparece en las actividades de GENTE se debe a que son muchas las actividades de intercambio de informaciones, puntos de vista, opiniones, etc., en las que intervienen dos o más interlocutores y, en esa estructura conversacional, los pronombres personales referidos a los interlocutores aparecen con mucha mayor frecuencia.

¿Y tú qué opinas?
Pues a mí me parece que...
Yo creo que...

- Si prevé que sus alumnos no van a conocer suficientes nombres, puede asegurarse de que el ejercicio se desarrolle con más facilidad facilitándoselos de antemano, escritos en la pizarra. La mecánica, entonces, consistirá en que un alumno elija uno de los nombres y se refiera a él, para que los otros lo adivinen. A continuación tiene algunos posibles ejemplos:

Una actriz italiana: **Sofia Loren, Giuletta Massina, Isabella Rossellini**...
Un pintor español: **Salvador Dalí, Pablo Picasso, Joan Miró, Francisco de Goya**...
Un director de cine italiano: **Luchino Visconti, Federico Fellini, Pier Paolo Passolini, Ettore Scola**...
Un actor norteamericano: **Paul Newman, Brad Pitt, Harrison Ford**...
Una escritora inglesa: **Agatha Christie, Emily Brontë, Virginia Wolf**...
Un político europeo: **Helmut Kohl, François Miterrand, Tony Blair**...
Un músico alemán: **L. Van Beethoven, J. S. Bach, R. Wagner**...
Una cantante francesa: **Edith Piaf, Juliette Greco, Mireille Mathieu**...
Un deportista argentino: **D. A. Maradona, Guillermo Vilas, Ariel "Burrito" Ortega**...
Un personaje histórico español: **Isabel la Católica, Hernán Cortés, Miguel Servet**...

2 Español, española...

Observación de la flexión de género en las nacionalidades.

FÍJESE EN QUE...

- Se facilitan únicamente los nombres de algunas nacionalidades europeas. A partir de la regla establecida para ellos, puede facilitar generalizaciones: **chino/china, japonés/japonesa, chipriota/chipriota**.

MÁS COSAS

- Para facilitar el trabajo de sus alumnos, puede dar el primer paso para la obtención de la regla, proponiéndoles los tres grupos:

	Masculino	Femenino
Cambian:	- o ⟶	- a
Añaden:		+ a
No cambian:	- a ⟶	- a

- Puede añadir al tercer grupo los acabados en -e (**nicaragüense**) y en -í (**marroquí**).
- Puede recuperar la mecánica del ejercicio anterior para que sus alumnos jueguen a adivinar nombres de famosos de distintos países.
- Puede presentarles algunos gentilicios latinoamericanos: **mexicano, costarricense, salvadoreño, hondureño, nicaragüense, panameño, guatemalteco, cubano, puertorriqueño, dominicano, colombiano, venezolano, boliviano, brasileño, peruano, ecuatoriano, chileno, argentino, paraguayo, uruguayo.**

❸ Tu país y tu ciudad

Interacción oral en parejas sobre nombres de ciudades y países.

MÁS COSAS

- Puede facilitar a sus alumnos los gentilicios propios de los miembros del grupo, así como aquellos en los que ellos tengan un interés particular.
- Puede indicarles que existe la alternativa con la preposición **de** más el nombre de la ciudad: **Soy de Dublín.**

❹ El árbol genealógico de Paula

Comprensión auditiva e interacción oral sobre nombres y relaciones familiares.

FÍJESE EN QUE...

- Sus alumnos pueden tener más dificultades en entender los nombres propios que el resto de la conversación. Puede usted facilitárselos por escrito, para que cuando los oigan los puedan escribir en el lugar que les corresponde: **Gustavo, Victoria, Cristóbal, Ana María, Cuqui, Luciano, Juan José.**

MÁS COSAS

- Puede activar primero los conocimientos léxicos de las relaciones familiares, pidiéndoles que escriban las palabras correspondientes a las líneas que contiene la imagen.

Ahora compara tus resultados con los de un compañero

FÍJESE EN QUE...

- Antes de realizar la actividad, puede trabajar las expresiones que deben utilizar, bien facilitándoselas usted, bien haciendo que ellos las propongan:

¿Cómo se llama el padre / la madre / el hermano /... de Paula / Helena...?
¿Quién es Gustavo?

¿Cómo se llama tu madre?

5 Los verbos en español: -ar, -er, -ir

Interacción oral en parejas con observación de la morfología del Presente de Indicativo.

FÍJESE EN QUE...

- Se presentan aquí las tres conjugaciones del sistema verbal. Se limitan, sin embargo, a las tres formas del Infinitivo y a su variación en la segunda y tercera personas del singular. El "Consultorio lingüístico" del *Libro de trabajo y resumen gramatical* contiene las formas correspondientes a todas las personas de las tres conjugaciones, tanto en singular como en plural.

- Las muestras de diálogos ejemplifican el contraste entre la segunda persona del singular y la tercera, que son las que los alumnos practican en esta actividad. La forma de tercera persona para **usted** está indicada en el apartado LA PROFESIÓN de la columna gramatical de esta misma página, pero aquí no se practica. Puede utilizar la imagen de la lección anterior para ejemplificar parejas de relaciones simétricas (**tú/tú**, **usted/usted**) y asimétricas (**tú/usted**):

Libro de trabajo: **6** **7** **8** **9** **10** **11** **12** **13** **14** **15** **17** **19** **20** **21** **22** **23**

7 TAREAS

① Un crucero por el Mediterráneo

Comprensión lectora en parejas de datos personales.

PROCEDIMIENTOS

- En una primera fase, los alumnos pueden leer los textos individualmente. Cada alumno deberá realizar un trabajo interpretativo y buscar en el diccionario las palabras que no entienda.
- Seguidamente puede ayudarles a organizar la búsqueda de información haciendo un trabajo conjunto, en el que usted formula preguntas como éstas:

Hay una niña y un niño. ¿Cómo se llama la niña? ¿De dónde es? ¿Qué número le ponemos?
¿Hay otros japoneses? ¿Quiénes son?
Hay dos personas jubiladas. ¿Cómo se llaman?

② La distribución de los turistas en el restaurante

Comprensión auditiva e interacción oral en parejas sobre opiniones referidas a personas.

FÍJESE EN QUE...

- De las conversaciones grabadas, los alumnos obtendrán más información relevante para la decisión que han de tomar: relaciones de amistad o parentesco entre algunos de los pasajeros y opiniones sobre el carácter de otros.
- Hay 17 personajes en total (15 pasajeros más los dos alumnos).

PROCEDIMIENTOS

- Antes de oír la cinta, puede pedir a sus alumnos que realicen una primera agrupación de pasajeros por afinidades, sin tener demasiado en cuenta el número resultante en cada grupo.
- Una vez oída la grabación, pueden confirmar o modificar la primera agrupación.
- Seguidamente, cada alumno decide con quién quiere sentarse.
- Finalmente, con todos los datos disponibles, se realiza la distribución por mesas.

③ Vuestra propuesta

Expresión oral en parejas ante toda la clase.

FÍJESE EN QUE...

- Las expresiones del recuadro "Os será útil" pueden ser útiles para realizar la tarea de la actividad 2 y para la exposición ante la clase.

Libro de trabajo: **25**

¿DE DÓNDE ES USTED?

Texto e imagen proporcionan información sobre la diversidad de las regiones de España. Algunas cosas pueden resultar familiares a sus alumnos pero otras no. Cada uno puede fijarse en aquellas que más le llaman la atención.

❶ Lee el texto. ¿También es así en tu país?

Comprensión lectora y expresión oral.

MÁS COSAS

- Tal vez algunos alumnos quieran manifestarse sobre la pregunta. Proporcióneles en ese caso recursos como:

En mi país también es así.
En mi país no es así.
Cada región de mi país también es diferente.

❷ Mira el mapa. ¿Qué reconoces (regiones, ciudades, monumentos, costumbres...)?

Interacción oral sobre la realidad española.

FÍJESE EN QUE...

- No es el objetivo prioritario de esta actividad el aprendizaje de todo el vocabulario que las imágenes puedan suscitar. Más bien se trata de que aquellos alumnos que disponen de alguna información sobre España puedan reconocerla en el dibujo y referirse a ella, incluso en su lengua materna si así lo prefieren.

MÁS COSAS

- Cuando un alumno desee comentar algo, ayúdele con el vocabulario mínimo necesario. A veces la ayuda consistirá en facilitar la traducción de lo que ya sabe, otras veces en hacer notar la correcta pronunciación de las palabras que surjan.
- Puede aprovechar la actividad para centrar la atención de los alumnos en la fonética del español, con los nombres más conocidos por sus alumnos.

❸ ¿Conoces a españoles? ¿Cómo son?

Expresión escrita e interacción oral sobre la realidad española.

FÍJESE EN QUE...

- Para realizar esta actividad, los alumnos dispondrán de un mínimo de información: o bien su experiencia personal o bien los tópicos que suelen existir. El objetivo de la actividad es reflexionar sobre el hecho de que en todas las culturas hay personas muy diversas.

PROCEDIMIENTOS

- Sus alumnos disponen de un vocabulairo muy reducido. Para realizar esta actividad tendrán que recurrir al uso del diccionario. Si no lo tienen en la clase, puede usted traducirles los adjetivos que ellos necesiten.
- De forma individual, los alumnos elaboran una lista de adjetivos que después pondrán en común con el resto de la clase.

1. En la costa gallega se encuentran numerosos astilleros de construcción naval.
2. La Catedral de Santiago de Compostela, situada en la plaza del Obradorio, es una de las catedrales románicas más bellas de España.
3. Una de las industrias más importantes de Galicia es la conservera (sardinas, atún...)
4. La pesca y el consumo de marisco son típicos de Galicia.
5. Cuenta la leyenda que el apóstol Santiago está enterrado en Santiago de Compostela. Por esta razón, miles de peregrinos cruzan los Pirineos en dirección Santiago siguiendo el así llamado "Camino de Santiago" (ver lección 29).
6. La sidra es una bebida alcohólica de baja graduación típica de Asturias que se obtiene de la manzana.
7. Las minas de carbón y la industria siderometalúrgica son características de Asturias.
8. Las Cuevas de Altamira (Cantabria) contienen pinturas rupestres policromadas (bisontes, jabalíes y ciervos) fechadas desde el periodo auriñaciense al magdaleniense.
9. La pesca es también importante en Cantabria.
10. El *Guernica* de Picasso representa el ataque de la aviación nazi a la población vasca de Guernica.
11. La siderometalúrgica es una de las industrias más importantes de Euskadi.
12. En el País Vasco hay una gran tradición gastronómica y el bacalao es una de las máximas especialidades. Es costumbre que los hombres se agrupen en sociedades gastronómicas en las que se dedican básicamente a cocinar y a comer.
13. Cortar troncos es uno de los deportes rurales vascos más arraigados. Los que lo practican reciben el nombre de *aizkolaris*.
14. San Fermín es una de las fiestas populares más conocidas de España; en los famosos "encierros", los mozos corren por las calles de Pamplona delante de los toros que van a ser lidiados por la tarde.
15. La Basílica de Nuestra Señora del Pilar es el símbolo de la ciudad de Zaragoza.
16. Aragón es una zona eminentemente agrícola (cereales, vid, olivos...).

17. El Pirineo cuenta con numerosas iglesias románicas y modernas estaciones de esquí.
18. Nacido en Figueras (Gerona), Salvador Dalí fue un célebre pintor surrealista.
19. La Costa Brava es una zona costera y turística de gran belleza.
20. Cataluña fue la región española donde la revolución industrial tuvo sus primeras manifestaciones. Actualmente es una de las zonas industrialmente más desarrolladas de España.
21. El pintor Joan Miró, creador de un universo simbólico propio, fue un pintor catalán de gran prestigio internacional.
22. La Sagrada Familia de Barcelona es una de las construcciones más conocidas del célebre arquitecto modernista Antoni Gaudí.
23. Formar castillos humanos es una de las tradiciones catalanas más espectaculares y arraigadas. Los atrevidos que lo hacen reciben el nombre de *castellers*.
24. El Penedés es una zona famosa por producir buen cava (vino espumoso elaborado de modo similar al champán).
25. La Universidad de Salamanca es una de las más prestigiosas y antiguas de España.
26. Las murallas de Ávila datan del s. XII y han sido incluidas por la UNESCO en el patrimonio mundial.
27. El cultivo de cereales es uno de los más importantes de toda la meseta.
28. En la ciudad de Valladolid se encuentra la factoría de Fasa-Renault.
29. El Cid Campeador es el nombre con el que se conoce al héroe castellano Rodrigo Díaz de Vivar, noble al servicio de Sancho de Castilla. En su vida se basó uno de los primeros poemas escritos en lengua castellana: el "Poema del Mío Cid".
30. La Rioja es mundialmente conocida por el vino que produce.
31. *Las Meninas* de Velázquez y otras obras claves de la pintura mundial están expuestas en el Museo del Prado de Madrid.
32. Torre España, popularmente conocida como "el pirulí", es el centro de operaciones de Televisión Española.
33. La Puerta de Alcalá es uno

de los monumentos más característicos de Madrid. Fue construida en época de Carlos III.
34. En Toledo se encuentran numerosas pinturas de El Greco, como *El caballero de la mano en el pecho*.
35. Don Quijote y Sancho Panza, personajes de *El Quijote* de Cervantes, tuvieron como marco de sus aventuras las áridas tierras de La Mancha, famosas por sus molinos de viento.
36. Las fallas es la fiesta más conocida del País Valenciano. Tiene lugar el día de San José y en ella se realiza una espectacular quema de monumentos y figuras de cartón.
37. La paella es el plato típico valenciano. Se hace a base de arroz.
38. La Torre de Miguelet es el edificio gótico más conocido de Valencia.
39. Las fiestas de moros y cristianos son muy típicas en varios pueblos del País Valenciano: algunos vecinos se disfrazan de moros y otros de cristianos para rememorar las batallas de la Reconquista.
40. La pesca de anguilas es característica de Valencia.
41. La huerta murciana posee una de las agriculturas más productivas del país.
42. Hay una gran tradición de cría de ganado y rejoneo en la zona occidental de Andalucía.
43. La Giralda de Sevilla es una obra emblemática del arte almohade. En un principio alminar de la mezquita de Sevilla, hoy es la torre de la catedral.
44. El flamenco es el género músical más representativo de Andalucía y, por extensión, de España. Se suele tocar flamenco con una guitarra española y, normalmente, los músicos están sentados . El baile es también muy peculiar, debido al movimiento de brazos y al típico zapateado. Se suelen utilizar también las castañuelas.
45. En Semana Santa suele haber procesiones por todo el país; algunas de las más vistosas tienen lugar en Andalucía. Los penitentes que se visten con túnica morada son los llamados nazarenos.
46. Hay una gran producción de aceitunas y aceite de oliva en Jaén y Córdoba.

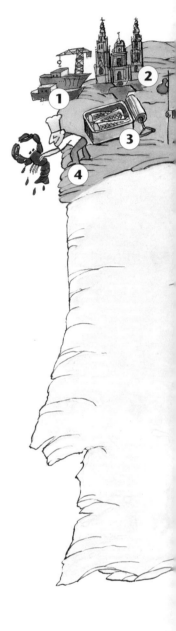

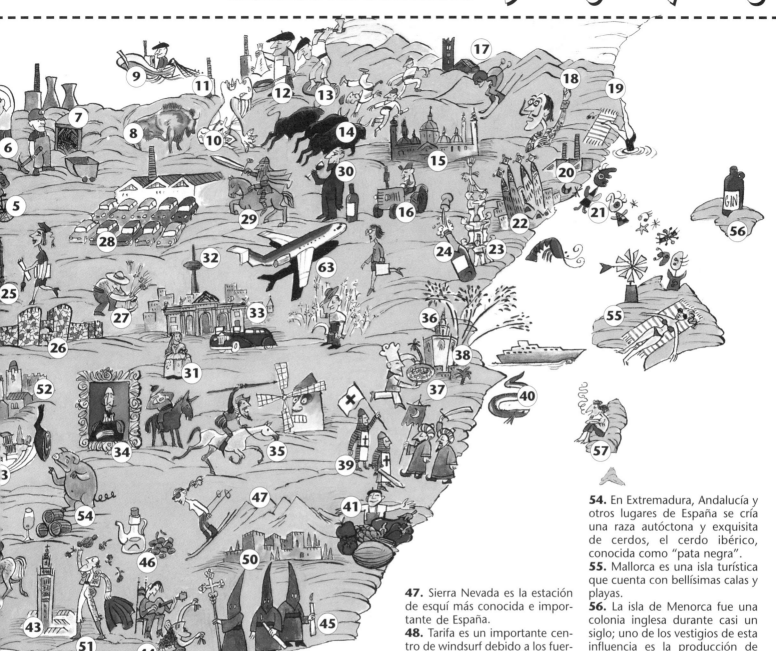

47. Sierra Nevada es la estación de esquí más conocida e importante de España.

48. Tarifa es un importante centro de windsurf debido a los fuertes vientos que azotan el estrecho de Gibraltar.

49. Es habitual la pesca en las aguas del estrecho de Gibraltar.

50. La Alhambra de Granada, un impresionante conjunto de palacios, fortalezas y jardines construidos en el siglo XIII, es uno de los monumentos más fascinantes de España.

51. La fiesta de los toros es probablemente la más emblemática de España.

52. El núcleo antiguo de Cáceres, rodeada de murallas de origen almohade, es patrimonio cultural de la Humanidad.

53. Mérida cuenta con un impresionante conjunto arqueológico romano (templos, arcos, puentes, acueductos...) en el que destaca especialmente el Teatro Romano.

54. En Extremadura, Andalucía y otros lugares de España se cría una raza autóctona y exquisita de cerdos, el cerdo ibérico, conocida como "pata negra".

55. Mallorca es una isla turística que cuenta con bellísimas calas y playas.

56. La isla de Menorca fue una colonia inglesa durante casi un siglo; uno de los vestigios de esta influencia es la producción de una ginebra autóctona.

57. Ibiza fue uno de los paraísos del movimiento hippy en los años 60 y actualmente es uno de los centros de la cultura de la música electrónica y de la "fiesta".

58. El Observatorio de Maspalomas es la estación de seguimiento de satélites más importante del país.

59. Las Canarias son unas islas eminentemente turísticas.

60. Las Canarias son conocidas también por los exquisitos plátanos y tomates que producen.

61. En Fuerteventura se encuentran camellos.

62. Las islas de la izquierda son de arriba abajo: La Palma, Gomera y Hierro.

63. Avión de la compañía aérea Iberia.

Gente que canta: "Pues pregúntale, amigo"

- Puede jugar en la clase con el esquema de conversación que hay en la canción. Así practicarán aspectos formales (vocabulario, flexión de género, pronunciación y entonación, etc.).

A1: **¿Es casado o soltero?**
A2: **No lo sé, pero lo/la quiero conocer.**
A1: **Pues pregúntale.**
A2: **¿Eres casado o soltero?**
A3: **Soltero.**

- La expresión **pregúntale** pueden entenderla sin necesidad de analizarla. Lo mismo sucede con la producción de **Lo/La quiero conocer**, en la que, sin embargo, sí conviene llamar la atención sobre la diferencia de género **lo/la**.

- También puede resultar motivador pedir a los alumnos que escriban más estrofas con otras preguntas procurando respetar la rima.

Gente que lee: capítulo 2

Cuando hayan leído el segundo capítulo, en parejas o pequeños grupos, los alumnos pueden realizar las siguientes actividades:

- ¿Qué cosas recuerdas de los españoles que trabajan en el camping? Apuntad, en grupos, todo lo que recordéis: nombre, profesión...

- ¿Y de los extranjeros que están de vacaciones en el camping? Haced otra lista.

- Comprobad que los datos de vuestras listas son correctos.

9 10 11 12

Vamos a organizar unas vacaciones en grupo. Aprenderemos a:

✔ expresar gustos y preferencias,
✔ hablar de lugares.

gente de

vacaciones

1 **Un viaje: ¿Madrid o Barcelona?**

Interacción oral en parejas sobre el reconocimiento de monumentos de Madrid y Barcelona.

FÍJESE EN QUE...

- Aunque los alumnos no conozcan las dos ciudades que se presentan, el programa de visitas proporciona bastante información. Combinando los textos de la página 31 y las imágenes de la 30 serán capaces de resolver la actividad.

- Puede suceder que no conozcan el nombre de ninguno de los edificios de las fotografías, pero por lo menos podrán decir:

Esto es Madrid.
Esto es Barcelona.

PROCEDIMIENTOS

- Puede empezar planteando algunas preguntas sobre las imágenes. Debe animar a sus alumnos a que pongan en común las informaciones que ya tienen.

P: **¿Esto es la Sagrada Familia?**
A1: **Sí/No, esto es...**

- Probablemente sus alumnos tienen algunas referencias de estas ciudades, pero les faltan otras. Puede pedirles que le hagan preguntas (así practican la entonación interrogativa) y usted les da las respuestas correctas. Se producirán intercambios como éstos:

A1: **¿Esto es Barcelona?**
P: **Sí, la Sagrada Familia.**
A1: **¿Y esto también es Barcelona?**
P: **No, esto es Madrid, el Reina Sofía.**

- Luego, los alumnos pueden imaginar que han recibido una carta de Viajes Iberia, en la que les comunican que han ganado un viaje en un sorteo. Pueden elegir entre ir a Madrid o a Barcelona, y en cada caso hay tres actividades con dos opciones cada una. El alumno leerá las opciones, elegirá e informará a sus compañeros.

PARA SU INFORMACIÓN

Las fotografías de las páginas 30 y 31 del *Libro del alumno* corresponden a: (de arriba abajo y de izquierda a derecha)

- El Monasterio de Poblet: situado en la provincia de Tarragona, es un conjunto conventual de gran belleza fundado por Ramón Berenguer IV y encomendado a la orden del cister. Fue incluido por la UNESCO en el patrimonio cultural mundial.

- El Palacio Nacional: situado al pie de la montaña olímpica de Montjuic (Barcelona), en su interior se encuentra el Museo Nacional de Arte de Cataluña.

- La Costa Brava: esta bella zona turística catalana cuenta con numerosas calas y playas y comprende el litoral de la provincia de Gerona.

- La Sagrada Familia: obra del arquitecto modernista catalán Antoni Gaudí, es uno de los símbolos de la ciudad de Barcelona. Empezada a construir en 1883, constituye un claro precedente de la arquitectura funcional y de las modernas tendencias organicistas.

- La Feria de San Isidro: considerada la feria taurina más importante del mundo, se celebra todos los años en la madrileña plaza de Las Ventas entre los meses de mayo y junio.

- El Museo Nacional Centro de Arte Reina Sofía: situado en el antiguo Hospital General de Madrid, constituye uno de los centros de arte contemporáneo más importantes de España.

- Los molinos de la Mancha: es la imagen clásica de esta región de España. Fueron popularizados por Cervantes en su célebre obra *El Quijote*.

- La Puerta de Alcalá: construida en época de Carlos III, es uno de los monumentos más característicos de Madrid.

2 **Tus intereses**

Expresión escrita e interacción oral sobre preferencias turísticas.

FÍJESE EN QUE...
- La producción escrita de los alumnos en esta actividad se entiende referida a la frase del enunciado, es decir, se sobreentiende **me interesa**.

MÁS COSAS
- Puede provocarse entre los alumnos el mismo tipo de intercambios, referidos a otras ciudades o lugares del mundo hispano, a partir de una lista que usted proporcione.

❶ Tus vacaciones

Comprensión escrita e interacción oral sobre las propias costumbres.

PROCEDIMIENTOS

- Cada alumno marca primero sus respuestas, y luego debe ser capaz de enlazar todas las informaciones sirviéndose del modelo de expresión que se le ofrece en "Actividades".

MÁS COSAS

- Puede realizar un juego para fijar el vocabulario; en grupos de cuatro, un alumno empieza al azar diciendo una palabra: **el tren**.
El siguiente la repite y añade otra: **el tren, el verano**.
El tercero, una más: **el tren, el verano, el avión**.
Y así sucesivamente hasta que uno falla al no recordar la serie o al no saber añadir ninguna más.

❷ Las vacaciones de Clara, de Isabel y de Toni

Interacción oral sobre imágenes de vacaciones.

Comprensión lectora y auditiva de monólogos sobre las vacaciones.

FÍJESE EN QUE...

- Los diálogos contienen mucha información, pero no es necesario entenderla toda para resolver la tarea.
- Puede advertir a sus alumnos que es importante que se habitúen a escuchar con atención pero sin obsesionarse por entenderlo todo. Por eso se les facilitan conversaciones extensas, para que acostumbren su oído al español.

PARA SU INFORMACIÓN

- **Vallromanes**: pueblo del Vallés (una comarca muy cercana a Barcelona).
- **Port de la Selva** y **Llançà**: dos pueblos de la Costa Brava, muy próximos a la frontera con Francia.
- **Malgrat de Mar**: pueblo de playa situado en la comarca del Maresme, al norte de Barcelona.

MÁS COSAS

- Finalizada la actividad, puede realizar una nueva audición para que los alumnos capten algunos datos más. Puede facilitarles con antelación la transcripción de los nombres propios para que digan cuándo los oyen. En PARA SU INFORMACIÓN tiene los nombres de los pueblos con algunos datos complementarios.
- Si el talante del grupo lo permite, tras esta actividad de comprensión auditiva, puede animarles a explicar, de modo menos dirigido que en el ejercicio anterior, qué cosas hacen en vacaciones. Aunque disponen todavía de muy pocos recursos, quizá algunos alumnos asuman el riesgo.
- También puede pedirles qué palabras clave (**camping**, **playa**, etc.) les han ayudado a realizar la tarea.

CLAVE DE RESPUESTAS

Isabel: **2**   Clara: **1**   Toni: **3**

❸ Se busca compañero de viaje

Comprensión lectora de ofertas de vacaciones.
Interacción oral en parejas sobre preferencias y motivos personales.

FÍJESE EN QUE...

- El vocabulario de los anuncios se ofrece para su comprensión, pero no se activa en la producción más allá de lo que resulta necesario para realizar la actividad A. La actividad B depende de la selección que cada uno haya realizado en la A.

- Se introduce aquí el verbo **gustar** (y el verbo **interesar**) para que lo usen de un modo muy guiado, según las estructuras que se ofrecen: sólo referido a la primera persona, y con la flexión singular/plural. En la LEC.10 se vuelve a tratar.

- El pronombre referido al hablante aparece en las preferencias (**A mí me interesa**) pero no en los motivos (**me gusta/quiero**). Puede hacerles notar que si se empieza por dar los motivos y luego se expresan las preferencias, el pronombre personal seguirá apareciendo en el primer verbo: **Yo quiero/A mí me gusta... Por eso me interesa...**

PROCEDIMIENTOS

- Puede preparar la comprensión de los anuncios en dos fases.

a) Una primera fase en la que cada alumno elige teniendo en cuenta únicamente el lugar de destino. A partir de la pregunta del primer anuncio (**¿Te interesa Latinoamérica?**) puede plantearles estas otras:

¿Qué te interesa más para tus vacaciones: Latinoamérica, Andalucía o Tenerife?
¿Qué te gusta más: visitar monumentos o tomar el sol en la playa?

b) Una vez elegida una de las opciones anteriores, puede pedirles que lean los demás anuncios y que confirmen o modifiquen su elección.

Libro de trabajo: ㉑

❶ Un típico pueblo español

Comprensión lectora e introducción del vocabulario de la ciudad.

FÍJESE EN QUE...

- El texto contiene expresiones en las que se puede observar la oposición **hay**/**está(n)** y la presencia o ausencia del artículo indefinido con **hay**. En esta primera actividad es conveniente limitarse a su interpretación y a la asimilación del vocabulario. En las actividades siguientes se podrá trabajar más con las estructuras gramaticales.

CLAVE DE RESPUESTAS

De arriba abajo: **el ayuntamiento, la oficina de correos, el bar, el supermercado, la farmacia, la escuela.**

❷ ¿Quién puede escribir más frases?

Expresión escrita e interacción oral en parejas sobre la existencia y ubicación de lugares en la ciudad.

PROCEDIMIENTOS

Esta actividad puede realizarse en tres fases:

a) Los alumnos han de tomar como modelo las frases del texto del EJ.1. Pero no es necesario que escriban un texto, sino frases sueltas.

A1: **¿Hay cine en este pueblo?**
A2: **Sí.**
A1: **¿Y dónde está?**
A2: **En la Calle Mayor.**

b) Luego, puede pasar a la expresión escrita. Para que vean la mecánica, escriba una frase cualquiera en la pizarra:

En este pueblo, la estación de tren está en la Plaza de España.

c) Pídales a sus alumnos que le digan otras dos o tres frases en voz alta. Si son correctas, las escribe en la pizarra. A continuación, cada pareja escribe las frases.

❸ ¿Qué hay en el pueblo?

Interacción oral en parejas sobre lugares y establecimientos de la ciudad.

FÍJESE EN QUE...

- Se practican fundamentalmente las cuatro preguntas que se ofrecen en el modelo. Los modelos para las respuestas están en las columnas centrales.

4 Tu barrio

Interacción oral en parejas sobre lugares y establecimientos del propio barrio.

MÁS COSAS
- Puede pedirles que produzcan frases con más datos y que las unan con **también**/**tampoco**, según proceda.

5 Tus compañeros: sus vacaciones

Interacción oral en parejas sobre servicios en establecimientos de vacaciones.
Observación de estructuras conversacionales.

FÍJESE EN QUE...
- Los establecimientos están en el globo marrón, y los servicios en el cuadro.
- El esquema conversacional contiene recursos y expresiones frecuentes en la interacción oral (orden de la frase, repeticiones, etc.):

- ¿Y piscina? ¿Hay piscina?
○ No, piscina no hay.

PROCEDIMIENTOS
- Ejemplifique con uno de sus alumnos el modelo de conversación de la página 35. Hágales observar y repetir los esquemas de entonación de las distintas frases.

6 Gente joven de vacaciones

Comprensión auditiva sobre preferencias de vacaciones.

FÍJESE EN QUE...
- La actividad de pre-audición sirve para que los alumnos imaginen las preferencias de los personajes a partir de la imagen que dan en el dibujo. Se entiende que los cuatro comparten los mismos gustos.
- Para realizar las predicciones, los alumnos deberán recurrir a todo el vocabulario que han aprendido en la LEC.9.
- Además, practican el verbo **gustar** referido a terceras personas y en la concordancia singular/plural.
- La grabación es una conversación espontánea, por lo que sus alumnos no podrán entenderlo todo, pero sí lo suficiente para realizar la actividad. De hecho, en el ejercicio se presentan muestras de lengua que los alumnos podrán reconocer cuando las oigan: **ir a otros países, conocer gente, ir solos, ir en viajes organizados, ir a hoteles, a albergues, a campings...**

CLAVE DE RESPUESTAS

PREFERENCIAS	RAZONES
Les gusta conocer a la gente del lugar.	Para conocer otras maneras de ser. Para conocer la cultura de esa gente.
No les gustan los viajes organizados.	Porque no pueden ir solos y tienen que ir siempre con la misma gente.

Libro de trabajo: ⑦ ⑧ ⑨ ⑩ ⑪ ⑫ ⑬ ⑭ ⑮ ⑯ ⑰ ⑱ ㉑ ㉒

11 TAREAS

❶ Vacaciones en grupo

Interacción oral sobre preferencias personales.

FÍJESE EN QUE...
- Con esta actividad se obtiene información para formar los grupos que trabajarán a partir del EJ. 2.

PROCEDIMIENTOS
- Déles tiempo de preparar individualmente su exposición.
- Cuando hayan finalizado la fase de exposición, introduzca la formación de grupos eligiendo al azar a uno de los últimos alumnos en hablar y preguntándole:

¿Con quién puedes formar grupo? ¿Por qué?

- Con varias de estas preguntas, tendrá la base para la distribución de alumnos en grupos. 3 ó 4 personas por grupo es el número ideal.

MÁS COSAS
- Antes de realizar la exposición pública de sus preferencias, puede ser útil que practiquen en pequeños grupos las frases que van a decir.

❷ Morillo de Tou o Yucatán

Comprensión lectora de folletos turísticos.

PROCEDIMIENTOS
- Empiece con una actividad de comprensión lectora individual, guiando la lectura de los dos textos mediante preguntas relativas a su contenido, como por ejemplo:

¿Dónde está Morillo de Tou?
¿Qué podemos hacer si vamos de vacaciones allí?
¿Cómo podemos llegar hasta allí?

¿Qué podemos hacer si vamos a Cancún?
¿Dónde podemos alojarnos?
¿Cómo podemos llegar hasta allí?

- Cada uno de los grupos, ya formados, debe realizar dos actividades sucesivas:
a) Elegir entre Cancún y Morillo de Tou. Para eso deben leer los textos de los dos anuncios y tomar una decisión personal. Luego, toman una decisión en grupo utilizando las muestras de conversación que se presentan en el libro.
b) Decidir acerca de fechas, alojamiento y actividades. Para ello utilizarán las muestras que se ofrecen en el recuadro "Os será útil".

PARA SU INFORMACIÓN
- **CC.OO.** son las siglas del sindicato Comisiones Obreras.
- En la provincia de Huesca, al norte de Zaragoza, existen muchos pequeños pueblos que, durante la segunda mitad de este siglo, se despoblaron por la emigración de sus habitantes a zonas urbanas. **Morillo de Tou** es uno de ellos.

❸ El plan de cada grupo
Expresión escrita y oral en grupos sobre planes e intenciones.

FÍJESE EN QUE...
- En este fase no se toman acuerdos nuevos, sino que se fijan en un texto los que ya se han adoptado.
- Con el esquema que se facilita en la actividad, los alumnos pueden centrar más su atención en la corrección lingüística.

PROCEDIMIENTOS
- Los alumnos, en grupos, completan el esquema de la página 37 según sus preferencias.
- Luego, un portavoz del grupo explica ante la clase el plan de viaje. Seguidamente, diferentes alumnos exponen las distintas partes del plan.
- El esquema les sirve para su exposición oral pública. Lo ideal es que sean capaces de realizarla sin leerlo, pero puede servirles de apoyo.

Libro de trabajo:

VEN A CONOCER CASTILLA Y LEÓN

1 Una agencia de publicidad ha elaborado este anuncio

Comprensión lectora y auditiva simultáneas de un anuncio.

FÍJESE EN QUE...

- El texto escrito, y sobre todo su versión oral, se presentan para su comprensión, no para que los alumnos se entrenen en su producción. No obstante, sobre el modelo de este texto pueden introducir fácilmente las variaciones necesarias para que responda a la realidad de su ciudad o su país.

2 Uno de vosotros elige un nombre que figure en el mapa y pregunta dónde está

Interacción oral sobre la geografía de Latinoamérica.

FÍJESE EN QUE...

- La selección de nombres propios se ha realizado de forma arbitraria. Existen algunos de muy relativa importancia, pero son necesarios para darle aliciente al juego: si todos fueran muy conocidos no habría posibilidad de jugar.
- Los nombres de accidentes geográficos son nuevos (**río**, **lago**, **montaña**, **isla**...) así como los puntos cardinales (**Norte**, **Sur**, **Este**, **Oeste**).

Gente que canta: "**Tu piel es mi aventura**"

- Escuchen la canción y después hable con sus alumnos:

P: **¿Qué cosas no es el paraíso?**

P: **No es Tahití, ni tampoco...**	A1: **Honolulú.**
P: **Ni tampoco...**	A2: **un jardín escondido en oriente.**
P: **Ni tampoco...**	A3: **un viaje a lugares prohibidos.**

P: **Pero sí es...**	A1: **estar a su lado.**
P: **Y también...**	A2: **estar abrazado a su cintura.**
P: **Y también...**	A3: **estar allí.**
	soñar allí.
	vivir allí.
	reír allí.

Gente que lee: **capítulo 3**

- Tras la lectura, puede conversar con sus alumnos usando estas preguntas:

¿Qué personajes nuevos hemos conocido en el capítulo 3? Anota sus nombres y sus profesiones.
¿Qué opinas tú de cada uno de ellos? ¿Cómo crees que son?
¿Sabrías decir algo sobre algunos de ellos?

A _____ le gusta/n (mucho) _____

¿Y qué puedes decir de Benisol? ¿Cómo es? ¿Dónde está? ¿Qué hay cerca?

FORMAS

LOLA

JOYERÍA ZAFIRO

PASTELERÍA DULCILANDIA

la bodega de Antón

SUPERMERCADO Rico

ELECTRODOMÉSTICOS RÍOS

ELECTRODOMÉSTICOS RÍOS

LIBRERÍA Y PAPELERÍA LÁPIZ Y PAPEL

gente de **compras**

13 14 15 16

Vamos a buscar regalos adecuados para algunas personas. Aprenderemos a:

✔ describir y valorar objetos,
✔ ir de compras.

❶ Gentishop, centro comercial

Lectura e interacción oral en parejas sobre el vocabulario de tiendas y productos.

FÍJESE EN QUE...

- La lista de palabras no recoge todos los artículos que se ven en la imagen. Sirve sólo como una primera introducción al vocabulario relacionado con las compras. Sin embargo, tal vez los alumnos quieran ir más lejos; en ese caso, usted puede traducirles las palabras que ellos deseen conocer, indicándoles el grado de frecuencia y de rentabilidad de uso que tiene cada una.

PROCEDIMIENTOS

- Puede ser conveniente empezar con una actividad conjunta en la que usted hace preguntas sobre las palabras más fáciles de comprender o de traducir a gestos:

¿Dónde venden vino?
¿Dónde venden medicinas?
¿Qué venden en la librería?

- Luego, ya por parejas, deberán ponerse de acuerdo sobre la correspondencia entre establecimientos y productos.

MÁS COSAS

- En parejas, o formando grupos de cuatro, pueden añadir más frases con palabras que no están en la lista. Puede ser una buena ocasión para entrenarles a usar correctamente el diccionario.

Libro de trabajo:

❶ La lista de Daniel

Comprensión lectora e interacción oral sobre compras personales.

FÍJESE EN QUE...
- En la actividad A se reutiliza y amplía el vocabulario introducido en la página anterior.
- En la actividad B puede ampliarse este vocabulario.
- En la actividad C se utiliza el vocabulario activamente.

PROCEDIMIENTOS
- Empiece realizando una actividad de comprensión del contexto, a partir de la imagen y de la lista de productos.
- Luego, los alumnos realizan la actividad A individualmente. Pueden hacer una primera comprobación en parejas. A continuación puede hacer la corrección con toda la clase. Los alumnos irán interviniendo sucesivamente:

Tiene que ir a una papelería para comprar los sobres y el periódico.
Para comprar los sobres y el periódico puede ir también a un quiosco.
Tiene que ir también a un supermercado para comprar el cava y la espuma de afeitar.

- En la actividad B, los alumnos deben confeccionar una lista de productos. Usted decidirá el número de productos que contendrá la lista.
- En la actividad C, puede proponerles que, además de decir a qué tipo de tienda tienen que ir, especifiquen el nombre del establecimiento.

❷ Las compras de Daniel

Comprensión auditiva e interacción oral sobre las expresiones habituales en las compras.

FÍJESE EN QUE...
- Se presentan aquí las formas de pedir informaciones en tiendas y realizar compras.
- La actividad B presupone el conocimiento del valor de la peseta. A aquellos alumnos que estén fuera de España, el profesor deberá proporcionarles un cambio aproximado antes de realizar la actividad.

PROCEDIMIENTOS
- Realice en primer lugar una comprensión de lo que sucede en cada imagen. Si quiere, puede poner la cinta para facilitar la tarea.
- Luego, puede pedirles que acaben de contar la situación que se presenta en "Contexto" basándose en las viñetas: ¿Qué problemas tiene en cada caso Daniel?
- Puede preguntarles en qué tienda del centro comercial se encuentra Daniel en cada imagen (**en la de ropa de hombre/mujer, en la de electrodomésticos...**).

MÁS COSAS
- Puede asignar el papel de Daniel a uno de sus alumnos, y que otros hagan de empleados. Daniel irá preguntando cosas para completar su lista del ejercicio 1. Puede hacer un concurso con varias representaciones y ver qué grupo resulta más creativo.
- Antes de escenificar la compra de Daniel, los alumnos pueden hacer estas dos cosas:
a) En pequeños grupos preparan un guión siguiendo el modelo de la imagen.
b) Todos escuchan otra vez la cinta para captar bien la entonación.
- Puede ampliarse la actividad B con otros objetos y precios que usted proponga, en pesetas u en otras monedas con las que estén familiarizados los alumnos:

P: **Una camisa, 580 dólares.**
A1: **Es muy cara.**
A2: **Sí, muy cara.**

Libro de trabajo:

❶ **¿Cuánto cuesta?**

Comprensión auditiva y lectora de cantidades y números.
*Observación de la concordancia de género (**cientos/cientas**).*

FÍJESE EN QUE...
- Es usted el que eligirá qué y cuántas cantidades leer.

MÁS COSAS
- Puede practicar el juego de descubrir el error:
a) Seleccione la mitad de los números (las dos columnas de la derecha, las dos de la izquierda, las dos primeras/segundas filas).
b) Dígales que va a volver a leerlos, pero que introducirá un error en una de las cantidades (o en dos de ellas, no más). Los alumnos deben detectar los cambios.
- Luego, uno de los alumnos puede hacer de profesor, y repetir la actividad con toda la clase, o en pequeños grupos.
- También puede pedir a los alumnos que escriban en una lista algunas cantidades y las dicten a sus compañeros.

❷ **Cien mil millones**

Expresión escrita en parejas sobre cantidades y números.
Observación de la regla de formación de los números cardinales.

FÍJESE EN QUE...
- Se presentan los números en su forma de masculino plural.

MÁS COSAS
- Puede hacerles leer las mismas cantidades, en flexión de género:

P: **Botellas.**
A1: **Trescientas treinta y tres.**
P: **Relojes.**
A2: **Trescientos treinta y tres.**

❸ **¿Éste?**

Interacción oral en parejas con observación del uso de los demostrativos.

FÍJESE EN QUE...
- En la columna central se da la regla de uso, que se amplía en el *Libro de trabajo*.

MÁS COSAS
- Si lo considera necesario, puede realizar la misma actividad con cualquier tipo de imagen (obtenida de catálogos o revistas, por ejemplo) o con objetos presentes en la propia aula (bolsos, chaquetas, etc.).

4 **¿Tienes ordenador?**

Interacción oral sobre objetos personales.
*Observación de la regla de uso de **un/una/uno**.*

FÍJESE EN QUE...

- Para realizar correctamente el ejercicio necesitan conocer el género de cada nombre. Hágales escribir primero el artículo delante de los distintos nombres. Así va a asegurarse de que comprenden todo el vocabulario.

MÁS COSAS

- Puede ampliar o adaptar la lista con objetos que previsiblemente tengan sus alumnos.

5 **Ropa adecuada**

Expresión escrita e interacción oral sobre opiniones personales.

PROCEDIMIENTOS

- El ejercicio se realiza en dos fases:
a) Primero escriben la decisión que han tomado: **María —-> el vestido rojo.**
b) Después la comentan en pequeños grupos.
- Tenga presente que la percepción del grado de formalidad es subjetiva. Sus alumnos pueden tener apreciaciones diferentes sobre un mismo vestido o un mismo acontecimiento.

MÁS COSAS

- Puede proponer una actividad más personalizada. En parejas, los alumnos se formulan preguntas como la siguiente: **¿Qué llevas normalmente cuando vas a una discoteca / a un restaurante?**

Libro de trabajo:

15 TAREAS

❶ Una fiesta

Interacción oral en pequeños grupos sobre la organización de una fiesta.

FÍJESE EN QUE...
- En esta actividad se practican algunos de los recursos aprendidos en la lección anterior: presencia/ausencia del indefinido **uno**, pronombres átonos de complemento directo (**lo/la/los/las**), etc.

PROCEDIMIENTOS
- La actividad se realiza en tres fases:
a) Una primera individual, en la que cada uno decide las cosas que puede aportar. Así se trabaja el vocabulario, y se prepara la siguiente fase; todo lo que se pueda aportar, no habrá que comprarlo.
b) Luego, se realiza una interacción en pequeños grupos para completar las dos primeras columnas: lo que ya tenemos y lo que necesitamos.
c) Finalmente, los alumnos discuten cuánto quieren gastarse en cada concepto (tercera columna) y quién se encarga, bien de comprarlo, bien de proporcionarlo (cuarta columna).

❷ Premios para elegir

Interacción oral sobre elección de premios y motivos de la elección.

PROCEDIMIENTOS
- Si realiza el ejercicio en dos fases, puede practicar el uso del pronombre neutro **esto**.
a) En una primera fase, en pequeños grupos, los alumnos eligen y señalan sobre la imagen:

Yo quiero esto, y esto, y esto. Esto para mí...
Pues yo, esto para mí, y esto para...

b) En una segunda fase, ante toda la clase explican sus elecciones según el modelo que se da en el libro.

❸ ¿Qué le regalamos?

Comprensión auditiva de conversaciones en las que se eligen regalos.
Expresión escrita y oral sobre la elección de regalos.

MÁS COSAS
- Puede realizar una audición en la que los alumnos realicen una actividad más interpretativa: a partir de claves diversas deben imaginarse cómo son los protagonistas de la situación en cada una de las dos conversaciones:

¿Para quién crees que compran un regalo?
¿Cómo crees que es esa persona? ¿Qué gustos tiene?
¿Qué relación tienen con ella las personas que hablan?

CLAVE DE RESPUESTAS
Lista de cosas que proponen:
Conversación A: **un libro - un disco - un póster - una película de Woody Allen**
Conversación B: **un pañuelo - un peluche - un libro - zapatos - una bolsa**

¿Qué crees que deciden comprar?
Conversación A: **un póster**
Conversación B: **una bolsa grande**

4 Felicidades

Expresión escrita e interacción oral en parejas sobre la elección de regalos.

FÍJESE EN QUE...
- Si los alumnos no se encuentran en España, puede resultar más realista que imaginen el precio aproximado en la moneda del lugar donde se encuentran.

PROCEDIMIENTOS
- Los alumnos, en parejas, se ponen de acuerdo para elegir regalos para cuatro compañeros. Para averiguar si el regalo en el que han pensado es adecuado, deberán dirigirse al destinatario y confirmar o descartar su elección con una pregunta:

(Si han pensado en una cámara fotográfica)
¿Te gusta hacer fotos?

MÁS COSAS
- Puede facilitar la tarea proponiendo una lista de posibles regalos o imágenes de documentos reales (catálogos, etc.).
- También puede ser el momento de estimular el uso del diccionario.

5 De compras

Interacción oral en grupos con simulación de una escena de compras.

PROCEDIMIENTOS
- Forme primero los grupos. Cada grupo debe decidir qué regalos va a ir a comprar (tomando como referencia lo que haya salido en el ejercicio anterior) y cuántos dependientes va a haber.
- Decididos los regalos que se van a comprar y el número de dependientes, todo el grupo trabaja en la elaboración del guión de la compra. Deben inventar, a partir de todo el material lingüístico visto en estas lecciones, una corta historia de la compra: qué sucede en los distintos departamentos y qué cosas dicen los personajes.
- Distribuya ahora los papeles y que los alumnos ensayen la representación.
- Finalmente, se realizan las representaciones de los distintos grupos (o de algunos de ellos) ante toda la clase.

Libro de trabajo:

FELIZ NAVIDAD

PARA SU INFORMACIÓN
- Es costumbre amenazar a los niños que se portan mal diciéndoles que los Reyes les traerán carbón en lugar de juguetes. En realidad, en las pastelerías se puede adquirir un azúcar especial que imita al carbón, para ponerlo junto a los juguetes como una pequeña broma. La imagen muestra a un paje real, que suele instalarse en las principales ciudades en las vísperas del 6 de enero para que los niños le entreguen sus cartas.

1 **¿Y tú? ¿Por qué no escribes tu carta a los Reyes?**

PROCEDIMIENTOS
- Puede pedirles a sus alumnos que, siguiendo el texto escrito, introduzcan las modificaciones pertinentes para informar sobre los regalos de Navidad en su país.

2 **En todas las culturas hacemos regalos...**
Expresión escrita e interacción oral sobre las diferencias en las convenciones asociadas a las relaciones sociales.

FÍJESE EN QUE...
- Se han elegido, un poco al azar, algunos ámbitos en los que puede haber diferencias entre la cultura de los alumnos y la española. Lo importante es que adquieran la conciencia de que pueden encontrarse con este tipo de convenciones y que pueden surgir malentendidos. Por eso, lo más importante es mentalizar a los alumnos sobre el peligro de realizar juicios de valor sobre pautas de conducta cuyo significado social a lo mejor han interpretado mal.
- También conviene tener presente que estas convenciones no son fijas, sino que cambian con la evolución de las sociedades, y que pueden ser distintas en diferentes regiones del mismo país, en zonas rurales o zonas urbanas, en ambientes juveniles o entre personas mayores, en diferentes clases sociales, etc.

Libro de trabajo: **29**

Gente que canta: "Rebajas, rebajas"

- Puede preparar la audición comentando con sus alumnos el fenómeno de las rebajas: qué se puede encontrar, qué hacemos en rebajas, cuánto gastamos, etc.
- También puede ofrecer una lista de cosas y de cualidades y seleccionar aquellas que se mencionan en la canción.
- Tras el trabajo de comprensión, puede hacerles escribir nuevas estrofas con otros objetos, partiendo de la estructura dada (**Mira ... Qué ... son.**) o nuevos fragmentos de la voz de megafonía.

Gente que lee: capítulo 4

Después de la lectura del capítulo, pídales a sus alumnos que comenten los dibujos de cada una de las páginas. Tienen que explicárselos a usted como si no conociera la historia.

Página 21: ¿Quiénes son? ¿Dónde están? ¿Por qué necesita Uwe un nuevo diccionario?
Página 22: ¿Quiénes son? ¿Dónde están? ¿Qué tiene en las manos? ¿Lo quiere comprar? ¿Por qué?
Página 23: ¿Quiénes son? ¿Dónde están? ¿Qué planes tienen? ¿Qué problemas tienen?
Página 24: ¿Quiénes son? ¿Dónde están? ¿Qué quieren comprar? ¿Por qué?
Página 25: ¿Quiénes son? ¿Dónde están? ¿Qué pasa con ese bañador tan bonito? ¿Qué crees que puede pasar?
Página 26: ¿Qué es eso? (Puede usted introducir aquí el concepto de **anónimo**) ¿Sabemos de quién es el anónimo? ¿Por qué se lo envían a Gaviria?

gente en forma

17 18 19 20

En esta unidad **E**vamos a elaborar una guía para vivir 100 años en forma. Aprenderemos a:

- ✔ informar sobre nuestros hábitos diarios, relativos a la salud, y valorarlos,
- ✔ recomendar actividades físicas y alimentos

❶ Para estar en forma

Comprensión lectora e interacción oral en grupos de tres sobre costumbres y hábitos relacionados con la salud.

FÍJESE EN QUE...

- Los alumnos tienen a su disposición las expresiones lingüísticas con los verbos en la forma conjugada. No necesitan más que entender su significado y enlazar apropiadamente (**y, pero, pues**) las distintas frases. También deben utilizar apropiadamente los pronombres de sujeto. Todo ello lo tienen ejemplificado en la muestra de diálogo.

- Lógicamente, si lo desean pueden modificar apropiadamente las frases:

Duermo mucho, como mucho pescado/mucha fibra...

- También pueden añadir alguna información aportada por ellos mismos:

Tomo mucho zumo de frutas, como muchas naranjas....

Libro de trabajo:

❶ El cuerpo en movimiento

Comprensión lectora e interacción oral sobre partes del cuerpo y ejercicios físicos.

FÍJESE EN QUE...

- La actividad A está pensada para que los alumnos extraigan el vocabulario a partir de las 5 primeras imágenes de la página 53 y los textos que las acompañan, mediante un procedimiento de deducción semejante al de algunos pasatiempos. Puede facilitarles la tarea ofreciéndoles una lista de las palabras cuyo significado deben deducir:

de pie, sentados, piernas, brazos, pies, manos, cabeza, frente, ojos, cuerpo, espalda, rodillas, codos

- La actividad B supone la utilización de algunas de esas palabras, y alguna más que deberán encontrar nuevamente en el texto. Tienen que describir la postura nº 6, usando, básicamente, sólo vocabulario.

PROCEDIMIENTOS

- Puede empezar comentando la imagen de la página 52, para introducir parte del vocabulario:

P: **¿Qué actividades de éstas hacéis? Yo, por ejemplo, siempre subo las escaleras a pie. Es muy bueno para las piernas.**
A1: **Yo voy en bicicleta.**
P: **También es bueno para las piernas. Y para el corazón.**
A2: **Yo...**

- Luego puede pedirles que realicen la actividad A.
- Para la actividad B puede guiarles con preguntas como las siguientes:

¿De pie? ¿Sentados? ¿Con la espalda en el suelo?
¿Las piernas, cómo: abiertas o cerradas? ¿En el suelo o levantadas?
¿Y la cabeza?
¿Y las manos?

- Cuando ya han realizado la actividad B de una forma guiada, puede pedirles que la repitan sin ayuda.
- Realice después la actividad C. Los alumnos pueden ampliarla relacionando otras actividades con partes del cuerpo para las que son beneficiosas.

MÁS COSAS

- Puede hacer un juego en el que un alumno describa una de las imágenes en los mismos términos en que lo hace el texto, pero alterando su orden. Los demás deben adivinar cuál es, sólo escuchando (sin leer). Cada uno elige una de antemano y la prepara. Puede darles un modelo; si elige, por ejemplo, el número 2:

Las manos, juntas,
Las piernas, también.
Sentados en el suelo.
Las manos, detrás de la cabeza.
Girar el cuerpo de derecha a izquierda.
Con los codos, tocar las rodillas.

- Puede utilizar las imágenes de las páginas 52-31 para reforzar este vocabulario.
- Al final, puede volver a la imagen de la página 52, y pedirles a los alumnos que digan para qué son buenas cada una de las actividades físicas que aparecen escritas alrededor de la ilustración (y que han trabajado pasivamente en el EJ.1 de la página 51).

❷ ¿Hacen deporte los españoles?

Comprensión auditiva e interacción oral en parejas sobre la práctica de actividades físicas.

FÍJESE EN QUE...
- Tenga presente que la pregunta de la actividad A se refiere a la totalidad de los españoles, y no a cada uno de los entrevistados. Esto quiere decir que los alumnos deberán realizar una generalización a partir de los datos que obtengan en la audición. Existe, por tanto, un componente de opinión en la elección de la respuesta: en primer lugar, porque se generaliza a partir de datos particulares, y, en segundo lugar, porque la apreciación de lo que puede ser **mucho**, **bastante** o **no mucho** es subjetiva.

PROCEDIMIENTOS
- Antes de realizar la audición, puede preparar la actividad A clarificando la apreciación del valor de **mucho, bastante, no mucho**. Puede hacerlo mediante preguntas referidas a las actividades físicas de los propios alumnos:

¿Tú haces mucho deporte?
¿Qué es para ti mucho deporte?

- En la actividad B, está previsto que informen únicamente de las actividades físicas que realizan, pero sin entrar aún en la frecuencia. El vocabulario necesario ha aparecido en las páginas 51 y 52, así como en el ejercicio de comprensión auditiva que acaban de realizar. Antes de pasar a la conversación entre los dos alumnos, deje que cada uno se prepare las respuestas: si algunos alumnos necesitan referirse a actividades deportivas pero carecen del vocabulario necesario, proporcióneselo o sugiérales el uso del diccionario.
- Del mismo modo, puede dejarles tiempo para preparar conjuntamente su exposición oral ante la clase.

MÁS COSAS
- Puede realizar una nueva audición en la que los alumnos deberán obtener información detallada de cada uno de los entrevistados.
- Puede pedirles que razonen su respuesta a la actividad A imitando el modelo siguiente:

Yo creo que hacer natación media hora cada día es mucho deporte.

Libro de trabajo: 17

❶ Causas del estrés

Comprensión lectora e interacción oral sobre causas y síntomas del estrés.
Observación de la conjugación de los verbos, la entonación interrogativa y las expresiones de frecuencia.

FÍJESE EN QUE...
- En la columna central, los alumnos encontrarán las expresiones de frecuencia que puede utilizar el segundo interlocutor.

PROCEDIMIENTOS
- El interlocutor que hace las preguntas se limita a conjugar en segunda persona y a dar la entonación interrogativa a los verbos que van en Infinitivo. El que responde tiene que ponerlos en primera persona. En la columna central tienen los modelos de conjugación.

MÁS COSAS
- Puede preguntarles si conocen otras causas de estrés para ampliar la lista y proponerles que intenten formularlas en español.
-También puede pedirles que, en relación con la lista dada, formulen las cosas que hay que hacer para prevenir y combatir el estrés:

Comer cada día a una hora distinta ————-> Hay que comer a la misma hora cada día.

❷ Malas costumbres para una vida sana

Comprensión auditiva de un programa de radio.
Observación de las formas de dar recomendaciones y consejos.

FÍJESE EN QUE...
- La imagen facilita un avance de lo que dice cada una de las personas. El último apartado de las columnas centrales proporciona los recursos para formular los consejos.
- Las intervenciones de las distintas personas le darán pie para introducir la expresión de la frecuencia y de la cuantificación.

PROCEDIMIENTOS
- Escuchando la cinta, los alumnos deberán obtener todos los datos, y luego formular una recomendación o un consejo apropiados para cada entrevistado.
- Estructure la actividad en dos fases:
a) En primer lugar, realice una audición para la obtención de datos.
b) Seguidamente, los alumnos deberán formular los consejos adecuados según los datos que hayan obtenido.
- En cada fase, realice los pasos que considere oportunos: ejercicios de pre-audición a partir de lo que les sugiera la imagen, comprobación de los datos, preparación de las recomendaciones, puesta en común, etc.

❸ La cabeza, el pie, la boca...

Juego de interacción oral para la práctica del vocabulario referido a las actividades físicas.

FÍJESE EN QUE...
- Como los alumnos no conocen todavía el Imperativo, la actividad se ejecuta en Infinitivo. Puede indicarles a sus alumnos que es una forma impersonal de dar instrucciones que, según los contextos, alterna con el Imperativo.

PROCEDIMIENTOS

- Presente la actividad dando algunas de las instrucciones para que los alumnos puedan recordar y fijar el vocabulario. Luego, ellos realizan la actividad.

4 Más ideas para estar en forma

Expresión escrita en parejas sobre consejos y recomendaciones para estar en forma.

MÁS COSAS

- Finalizada la actividad en los términos en que la plantea el libro, puede proponer a los alumnos que, a partir de las frases aisladas que han elaborado, escriban en parejas un texto uniéndolas todas ellas con los conectores que han aprendido en lecciones anteriores (**y**, **también**, **tampoco**, **pero**, **ni**...).
- Pueden concebirlo como si fuera un programa de radio y redactarlo en la forma **ustedes** o en la forma **vosotros**.

Libro de trabajo: **8** **9** **10** **11** **12** **13** **14** **15** **18** **19** **20** **21**

1 Nuestra guía para vivir 100 años en forma

Comprensión lectora y expresión escrita sobre consejos para mantenerse en forma.

FÍJESE EN QUE...

- En esta actividad se introducen tres condiciones para mantener una vida sana, que en la actividad siguiente se tratan en tres textos que los alumnos deberán leer.

MÁS COSAS

- Puede añadir algunas recomendaciones sobre alguno de los tres ámbitos para que los alumnos marquen a qué campo pertenecen: alimentación sana, ejercicio físico o equilibrio anímico. Puede extraer las ideas de los textos que luego leerán los alumnos, lo que facilitará su comprensión:

No estar demasiado tiempo sentados.
No consumir alimentos con muchas grasas.
Comer los alimentos preparados a la plancha, mejor que con salsas.
Tener una visión positiva de la vida y de las cosas.

2 Vamos a informarnos

Comprensión lectora y expresión escrita sobre consejos para llevar una vida sana.

FÍJESE EN QUE...

- Es importante que cada alumno comprenda bien su texto y sea capaz de sintetizar el contenido y transmitirlo a sus dos compañeros. La guía es un buen modelo de síntesis de información.

PROCEDIMIENTOS

- A cada alumno de la clase se le asigna uno de los tres textos, que lee con la ayuda del diccionario y después completa la ficha.
- Seguidamente, se forman grupos de tres. Los alumnos de cada grupo ponen en común la información de cada uno de los textos y elaboran una guía conjunta.

3 El contenido de nuestra guía

Interacción oral sobre el contenido de la guía.

FÍJESE EN QUE...

- Para realizar este ejercicio hay que recurrir a todas las ideas que han ido saliendo en esta lección y en las anteriores. Cuantos más datos tenga a su disposición cada grupo, tanto más rentable será el ejercicio.

PROCEDIMIENTOS

- Puede resultar útil proponer una puesta en común general de toda la clase a modo de "tormenta de ideas": los alumnos van diciendo las ideas que consideran importantes para una vida sana y usted las va anotando en la pizarra.
- Si realiza esta actividad con los libros cerrados, estará practicando el vocabulario trabajado. Luego pueden abrir los libros y buscar lo que se les haya podido olvidar.

MÁS COSAS

- Según la dinámica de cada grupo, puede optar por detener la actividad en la selección de las diez ideas más importantes, o bien continuar e intentar agruparlas de mayor a menor importancia, estableciendo, por ejemplo, tres grandes grupos: las tres más importantes, las tres menos importantes y cuatro intermedias.

19 **T**AREAS

4 **¿Elaboramos la guía?**

Expresión escrita de la guía en grupos de tres.

FÍJESE EN QUE...

- El objetivo es que cada grupo elabore su guía. Lo más apropiado es que sigan trabajando los grupos iniciales, pero si previamente ha habido fases de trabajo de toda la clase, pueden abordar esta tarea en grupos formados con alumnos distintos.
- Las recomendaciones van introducidas por tres fórmulas que exigen el verbo en Infinitivo. De esta forma, los alumnos pueden realizar la tarea con mayor facilidad. Pueden elegir a su propio criterio la fórmula que utilizarán en cada una de las diez recomendaciones de entre las tres ejemplificadas (**es conveniente, hay que, es bueno**) u otras que han ido apareciendo a lo largo de la secuencia (**es importante, es necesario, es aconsejable, lo mejor es...**).

MÁS COSAS

- Una forma de enriquecer el texto es enlazar las recomendaciones con los conectores que ya conocen (ver LEC.18/EJ.4).

SE LEVANTAN SOLOS

Este texto es una adaptación de un reportaje publicado recientemente en la prensa española; los datos corresponden a los resultados obtenidos en un estudio estadístico.

PARA SU INFORMACIÓN

- **Vivir en pareja** es una expresión muy frecuente en los últimos años porque permite obviar la alusión al estado civil de las personas de que se habla (solteros o casados). El término **pareja** se usa en dos sentidos:
a) Para designar a dos personas que viven juntas, es decir, como equivalente del término **matrimonio** en expresiones como: **Son pareja.**
b) Para referirse a uno de los dos por relación al otro:
Desayuna con su pareja (= su marido/su novio, su mujer/su novia). En las presentaciones se usan también otros términos:
Mira, éste es Sergio, mi compañero.
Te presento a Sara, mi compañera.

1 **¿Cómo sería esta información referida a tu país?**

Comprensión lectora e interacción oral sobre los horarios de diferentes países.

FÍJESE EN QUE...

- Hágales observar a sus alumnos la importancia de las comidas (almuerzo y cena), en el sentido de que marcan la división de la jornada:

MAÑANA ——> **comida o almuerzo** <——- TARDE——> **cena** <——— NOCHE

- Aunque la expresión de la hora se introduce en lecciones posteriores, los alumnos pueden comprender el texto. Para realizar este ejercicio bastará con que sepan estas tres cosas, que usted puede introducir:

- Verbo + **a las**: **Se acuestan a las doce.**
- **A las** + hora + **y** + minutos: **A las once y veinticinco.**
- **A las** + hora + **menos** + minutos: **A las once menos diez.**
- **Y cuarto / Y media / Menos cuarto.**
- **A las ... de la mañana / de la tarde / de la noche.**

PROCEDIMIENTOS

- Puede presentar la actividad con una práctica que facilite el vocabulario con preguntas como por ejemplo:

P: **¿Qué hacen a las nueve y media de la noche?**

Los alumnos deben consultar los relojes de la imagen de las páginas 58 y 59 y dar con la respuesta:

A1: **Cenan.**

- La fase de comparación con los hábitos del país de origen será lógicamente distinta si se trata de un grupo uniforme o heterogéneo. En el primer caso, puede establecerse un minidebate sobre el tema, porque no todos los alumnos perciben su realidad del mismo modo.

Libro de trabajo:

Gente que canta: "Gente en forma"

- Los alumnos pueden anotar en Infinitivo todas las recomendaciones para una vida sana que se dan en la canción y en los tres subtemas: alimentación sana, ejercicio físico y equilibrio anímico. (Responder con los verbos en Infinitivo).
- Si las características del grupo lo permiten, y hay un ambiente distendido en el aula, puede realizarse una segunda audición de la canción representando con gestos los consejos que se dan en la misma.

Gente que lee: capítulo 5

- Puede pedir a los alumnos que hagan una lista de las cosas que tienen en común Jaime y Alba (¡además del bañador!), en lo que respecta a sus hábitos y a su personalidad, y otra lista con las cosas en las que son distintos.

Distribuiremos diferentes trabajos entre un grupo de personas.
Aprenderemos a:

✔ hablar de nuestra vida profesional,
✔ valorar cualidades y actitudes

gente

que

trabaja

1 Las profesiones y las cualidades de las personas

Interacción oral en grupos de tres sobre cualidades y aptitudes de las personas.

FÍJESE EN QUE...

- En el modelo de producción de la primera fase (**El H es el pintor**) se utiliza una estructura que sirve para reconocer dentro de un grupo a un individuo que tiene una determinada característica, en este caso la profesión. En otros momentos se practicará la forma **H es pintor** para informar sobre la profesión de alguien.

- Los nombres de profesiones se presentan en concordancia de género con las personas de la imagen. Eso facilita la tarea de los alumnos, ya que es una ayuda para la selección de la imagen correspondiente. Puede introducir luego el género opuesto (en la fase de corrección, por ejemplo).

- En la producción de la segunda fase se utilizan expresiones aprendidas en la lección anterior: **Hay que** / **Es (más) importante** + **INFINITIVO**.

PROCEDIMIENTOS

- Puede realizar la actividad en dos fases:

a) En primer lugar, aprenden el vocabulario de las profesiones.

b) En segundo lugar, hablan de las cualidades para cada profesión.

MÁS COSAS

- Puede ser el momento para que los alumnos, si no lo han hecho anteriormente, intercambien información sobre sus respectivas profesiones. Puede provocar intercambios como el siguiente:

P: **Tú, Paul, ¿a qué te dedicas?**
A1: **Yo soy ingeniero.**
P: **¿Y tú, Laura?**
A2: **Yo, profesora.**

- Lógicamente deberá proporcionarles vocabulario según las necesidades específicas de cada grupo de alumnos.

CLAVE DE RESPUESTAS

un/a empleado/a de banca K	**un/a** dentista B
un/a guardia de seguridad LL	**un/a** arquitecto/a F
un/a traductor/**a** A	**un/a** farmacéutico/a E
un/a dependiente/a de una tienda L	**un/a** taxista G
un/a abogado/**a** C	**un/a** profesor/a D
un/a ejecutivo/**a** N	**un/a** albañil H
un/a mensajero/**a** J	**un/a** pintor/**a** M
un/a vendedor/**a** I	

Libro de trabajo: **1**

1 Profesiones: interesantes, aburridas, seguras, peligrosas...

Expresión escrita e interacción oral con expresión de opiniones.
Observación del vocabulario de las profesiones.

FÍJESE EN QUE...
- Los objetos de la imagen tienen como finalidad facilitar la comprensión del vocabulario de algunas de las profesiones, y no necesariamente el nombre del objeto. Pero puede que sus alumnos tengan curiosidad por conocerlo: **una azada** (agricultor/ora), **el símbolo de los farmacéuticos**, **una rueda de coche** (camionero/a), **unas cartas** (cartero/a), **una paleta** (albañil), **las notas** (músico/a), **una gorra** (policía), **el código civil** (abogado/a), **un diván** (psicólogo/a o psiquiatra).
- El vocabulario necesario para referirse a los aspectos positivos y negativos se encuentra en el apartado "Actividades".
- La interacción oral, en grupos de tres, permite introducir los conectores: **Y además, Sí, pero...**

PROCEDIMIENTOS
- A modo de calentamiento, se puede empezar combinando parte del vocabulario que se ofrece en las actividades con el del cuadro de profesiones.

P: **¿Quiénes tienen un trabajo muy creativo?**
A1: **Los músicos.**
P: **¿Y quiénes tienen una profesión peligrosa?**
A2: **Los policías.**
P: **¿Y quiénes conocen a mucha gente?**
...

- Luego puede pasar al trabajo individual: cada alumno completa el cuadro.
- Finalmente puede realizar el trabajo en pequeños grupos.

2 Maribel busca un nuevo trabajo

Comprensión auditiva de una conversación sobre experiencias y expectativas profesionales.
Comprensión lectora e interacción oral sobre anuncios de trabajo.

FÍJESE EN QUE...
- Para realizar la actividad B, los alumnos deben obtener información por dos vías: comprensión auditiva en la actividad A, y comprensión lectora de las condiciones de los anuncios de puestos de trabajo.

CLAVE DE RESPUESTAS
Ha vivido en... **Roma, Lisboa y Londres.**
Ha estado en... **Florencia.**
Ha trabajado en... **restaurantes, dando clases de español a niños, en tiendas (como vendedora) y en unos laboratorios farmacéuticos.**
Tiene experiencia en... **ventas, restaurantes, la enseñanza, laboratorios.**
Habla... **italiano, portugués e inglés** (no se afirma explícitamente en el texto pero se deduce de él por haber residido y trabajado en países donde se hablan estas lenguas).

Libro de trabajo:

❶ ¿Quién ha hecho estas cosas?

Interacción oral sobre acontecimientos importantes en la vida de personajes famosos.

FÍJESE EN QUE...

- Se presenta el Pretérito Perfecto en el contexto de la experiencia profesional.
- Los alumnos lo practican fijándose únicamente en la correcta entonación de la pregunta.
- Conviene que el alumno encargado de hacer las preguntas las elija al azar, y no se limite a seguir la lista. De lo contrario, los demás no necesitan prestar atención a lo que dice, ya que se pueden guiar por la lectura.
- Se plantea el juego a modo de competición.

PROCEDIMIENTOS

- Vaya anotando el orden en que terminan los distintos grupos. Antes de proclamar a un grupo vencedor, habrá que verificar que sus respuestas son todas correctas. En caso contrario, gana el segundo grupo más rápido, siempre que tenga menos errores que el primero.
- Para realizar la comprobación, repita usted el procedimiento haciendo las preguntas en voz alta y al azar. Todos los grupos deben responder a todas las preguntas. Así se contabilizan los aciertos y los errores.

CLAVE DE RESPUESTAS

Ha ganado el trofeo de Roland Garros: **Arantxa S. Vicario**
Ha jugado en los cinco continentes: **Arantxa S. Vicario**
Ha ganado el Óscar a la mejor película en lengua no inglesa: **Fernando Trueba**
Es mexicano: **Octavio Paz**
Ha vendido muchos discos en Miami: **Gloria Estefan**
Ha ganado muchas veces el Tour de Francia: **Miguel Indurain**
Es de origen cubano: **Gloria Estefan**
Ha sido presidenta de Nicaragua: **Violeta Chamorro**
Ha estado muy enfermo: **José Carreras**
Se ha casado con una actriz americana: **Antonio Banderas**
Ha cantado con Pavarotti y Plácido Domingo: **Josep Carreras**
Ha sido secretario general de la ONU: **Javier Pérez de Cuéllar**
Ha obtenido el Premio Nobel de Literatura: **Octavio Paz**
Ha trabajado con Pedro Almodóvar: **Antonio Banderas**
Ha sido presidente del Gobierno de España: **Adolfo Suárez**
Es peruano: **Javier Pérez de Cuéllar**

MÁS COSAS

- Para darle más aliciente, puede crear un sistema que compense los errores en las respuestas con la buena pronunciación de los nombres. Por ejemplo, el grupo que mejor pronuncie sus respuestas, puede obtener tres puntos positivos, el segundo, dos y el tercero, uno.

❷ Hablamos del pasado

Observación de la morfología del Pretérito Perfecto.

FÍJESE EN QUE...

- En las columnas centrales los alumnos tienen la explicación (incluyendo los Participios irregulares más frecuentes) que les permitirá realizar esta actividad.

MÁS COSAS

- El ejercicio está planteado para ser resuelto individualmente, pero puede sugerirles que trabajen en equipo, bien en parejas, bien en grupos de tres.

③ No he estado nunca en Sevilla

Interacción oral en grupos de tres sobre experiencias personales.
Observación del Pretérito Perfecto y de los marcadores de frecuencia.

FÍJESE EN QUE...

- En la lista de experiencias aparecen verbos con Participio irregular: **hacer, escribir**...
- La lista es abierta para que los alumnos puedan sugerir otras experiencias. Por esta razón, a lo mejor deba proporcionar vocabulario según sus necesidades.
- Antes de la interacción oral, puede repasar con toda la clase la formación de los Participios de la lista.
- Puede presentar también la expresión de la frecuencia, y la negación **no .... nunca**. En el apartado HABLAR DE HABILIDADES de la columna central pueden encontrar otro ejemplo de doble negación: **Yo no toco ningún instrumento**.

PROCEDIMIENTOS

- Un alumno hace la pregunta en plural, y los otros dos responden sucesivamente.

④ ¿Verdad o mentira?

Expresión escrita e interacción oral en grupos de cuatro sobre las propias habilidades.

FÍJESE EN QUE...

- Las muestras de producción oral contienen una frase en Presente (relativa a la habilidad) y otra en Pretérito Perfecto (explica la razón). Procure que los alumnos se ajusten a este esquema.

MÁS COSAS

- Si lo considera oportuno, puede animar a sus alumnos a hacer un juego similar referido a personas de su entorno para que practiquen las formas de la tercera persona:

A1: **Mi marido sabe kárate. Ha ganado una medalla en las Olimpiadas.**
A2: **Yo creo que eso no es verdad.**

Libro de trabajo:

❶ Anuncios de trabajo: ¿qué piden?

Comprensión auditiva y lectora sobre perfiles para puestos de trabajo.

FÍJESE EN QUE...

- Toda la información necesaria está contenida en la grabación. Se trata de un programa de radio dirigido al público joven, en el que se comenta la instalación en la ciudad de una empresa que va a crear muchos puestos de trabajo.
- Para facilitar la tarea de los alumnos, se ofrecen las cuatro fichas correspondientes a cada uno de los perfiles de puestos de trabajo que va a ofrecer la empresa.
- Las líneas en blanco de cada ficha se completan con la lista de términos que aparece en la misma página.
- La tarea de comprensión auditiva queda limitada a la identificación de las distintas características para cada puesto de trabajo.
- Por otra parte, la grabación está estructurada de tal forma que trata por separado cada uno de los perfiles. De hecho, podría trabajarse como cuatro audiciones separadas.
- Una vez completadas, las cuatro fichas de esta página sirven de documento de trabajo para la actividad 2.

PROCEDIMIENTOS

- Antes de proceder a la audición, puede pedir a sus alumnos que vean de cuántas formas distintas podría rellenarse cada ficha. De este modo, selecciona de antemano los contenidos posibles para cada línea, al tiempo que facilita la comprensión del nuevo vocabulario.

MÁS COSAS

- Puede pedirles a sus alumnos qué otras cualidades (que no se mencionan en el anuncio de la empresa) valorarían más ellos para cada uno de los puestos.

CLAVE DE RESPUESTAS

VENDEDORES
Se valorará **la experiencia**.
Abierto al trato **con la gente**.

ADMINISTRATIVOS
Persona **muy organizada**.
Conocimiento de **programas informáticos**.
Idiomas: francés o inglés a **nivel de lectura**.

DECORADORES
Edad: 22/28 años.
Formación especializada en decoración y presentación de escaparates.
Capacidad de **trabajo en equipo**.

MOZOS DE ALMACÉN
Edad: **20/30 años**.
Buena disposición **para el trabajo**.
Voluntad **de progresar**.

2 **Selección de candidatos**

Comprensión lectora e interacción oral en grupos de tres sobre selección de personal.

PARA SU INFORMACIÓN
- El sistema educativo español se compone de los siguientes ciclos:
Enseñanza Infantil: 3-6 años (no obligatoria).
Enseñanza Primaria: 6-12 años (obligatoria).
ESO (leído Eso), Enseñanza Secundaria Obligatoria: 12-16 años.
Bachillerato: 16-19 años.
FP (leído Efepé): Formación Profesional: 16-19 años.

- Hasta finales de los años 90, el sistema educativo se componía de:
EGB (leído Egebé), Educación General Básica: 6-14 años. Era obligatoria y si se superaba,
se obtenía el Graduado Escolar y se podía pasar a BUP. Si no se superaba, se pasaba a FP.
BUP (leído Bup), Bachillerato Unificado y Polivalente: 15-18 años. Si se superaba se podía pasar a COU.
COU (leído Cou), Curso de Orientación Universitaria: un año. Si se superaba, se podían realizar las pruebas
de "Selectividad" para acceder a la Universidad.
FP (leído Efepé), Formación Profesional: 14-18 años.

PROCEDIMIENTOS
- Realice el ejercicio en tres fases:
a) Primero, los alumnos estudian las fichas del currículum, y dan su opinión sobre el puesto de trabajo
más adecuado para cada uno.
b) Luego, comprueban si los candidatos cumplen los requisitos exigidos por la empresa (fichas de la actividad anterior).
c) Finalmente, se ponen en común y se discuten las diferentes conclusiones.

3 **Tu ficha**

Expresión escrita.

FÍJESE EN QUE...
- Los alumnos siguen la estructura de las fichas del ejercicio 2.
- No es necesario que digan la verdad sino que pueden inventarse una personalidad.

MÁS COSAS
- Puede jugar con la idea de que los alumnos han elaborado una ficha con una identidad ficticia, y en
pequeños grupos habrá que adivinar a quién corresponde cada ficha.

Libro de trabajo:

JÓVENES ESPAÑOLES A LOS 20 AÑOS

1 **¿Puedes asignar uno de estos eslóganes a cada texto?**
Comprensión lectora de textos sobre la vida de cuatro jóvenes.

CLAVE DE RESPUESTAS
Feminismo paradójico: Joaquín Aragón. No quiere para su mujer la vida que lleva su madre.
Compromiso social: Rocío Martínez. Actividades en "Gesto por la paz".
Ilusión por progresar profesionalmente: Francisco Gayurt. Quiere llegar más lejos en la vida, hacer algo más que ser un simple camarero.
Polifacética: Inge Schweiger. Música, estudiante, hospital de niños, escritora en castellano y en alemán.

2 **Busca en cada texto las frases que reflejan el punto de vista o las opiniones de los jóvenes**
Comprensión lectora e interacción oral sobre descripción de personas.

PARA SU INFORMACIÓN
- Las becas **Erasmus** y **Sócrates** son otorgadas por la Unión Europea para favorecer la movilidad de estudiantes y profesores entre universidades de distintos países de la Unión.
- **Gesto por la Paz** es un grupo creado a principios de los años 90 para luchar por la paz civil en el País Vasco.
- **Gaditanos** son los habitantes de la ciudad de Cádiz.
- **"Bakalao"** es un tipo de música de discoteca (tecno duro) iniciada en Valencia en los años 80 que se puso muy de moda en toda España a mediados de los años 90.
- **La Macarena** es un barrio de la ciudad de Sevilla, y el **Betis** uno de los dos equipos de fútbol de esta ciudad.
- La alusión de Francisco Gayurt al derecho de los extranjeros al trabajo tiene que ver con la existencia de movimientos xenófobos contrarios a la inmigración, especialmente a la de países africanos y del Este de Europa.

Libro de trabajo: **25**

Gente que canta: "La reina del rock"

PARA SU INFORMACIÓN
- **Sabe Latín**: frase hecha para indicar que una persona es muy lista.
- La **jet marbellí**: los ricos y famosos que tienen su residencia en Marbella o que veranean en esta ciudad de la provincia de Málaga.
- La **calle Montera**: calle céntrica de Madrid.

Puede animar a sus alumnos a hablar sobre el personaje con preguntas como éstas:

¿Qué hace la Reina del rock la noche del viernes? ¿Por qué?
¿Qué hace el resto de la semana? ¿Qué profesión crees que tiene?
¿Cómo te la imaginas: edad, aspecto físico, ropa que lleva, carácter?
¿Cómo te imaginas que ha podido ser su juventud? ¿Qué ha podido hacer en la vida?

- En pequeños grupos pueden escribir un breve currículum de esta chica, tal como se la imaginan.
- Si a sus alumnos les gustan las actividades más creativas, en grupos pueden tratar de inventar otra letra para la canción, sobre otros personajes imaginarios con dos personalidades, siguiendo el modelo de "La reina del rock". Puede sugerir algunos: un funcionario aventurero, un militar punky, etc.

Gente que lee: capítulo 6

- Pida a los alumnos que comparen las cualidades, el perfil profesional y la experiencia de Eulalia Omedes con las de Alba, para el puesto que ocupa Alba en el camping.
- También puede hacerles especular con preguntas como las siguientes:

¿Crees que Alba va a perder su puesto de trabajo en el camping?
Y si lo pierde, ¿cuál o cuáles de los que ofrece la empresa Home & Comfort (*Libro del alumno*, página 66) **le recomendarías?**
¿Qué cualidades crees que necesita una persona para ser director de un camping, o de un hotel?
¿Crees que Ibarra las tiene?

gente que come bien

Vamos a hacer el "Libro de cocina" de nuestra clase con nuestras mejores recetas. Aprenderemos a desenvolvernos en tiendas y restaurantes:

✔ refiriéndonos a los alimentos,

✔ informándonos sobre las características de un plato.

1 **Productos españoles**

Interacción oral sobre la expresión de preferencias en la comida.

PROCEDIMIENTOS

- Puede plantear el ejercicio en tres fases:
a) Primero, los alumnos reconocen el vocabulario. Pueden servirse del diccionario.
b) Seguidamente, en grupos de tres discuten gustos personales.
c) Finalmente, explican los gustos y preferencias del grupo ante toda la clase.

- Para la segunda fase, los alumnos necesitan saber qué nombres van en plural. En la lista no hay ningún nombre en singular que termine en -s. Pero aun así, es conveniente que antes de realizar la segunda fase, escriban el artículo delante del nombre.
- También deberán flexionar adecuadamente el complemento directo **lo/la/los/las** en la oración **No lo he comido nunca**.
- En esta fase puede facilitarles reglas de uso de los pronombres personales:

A mí las gambas no me gustan.

A mí, tampoco.   **Pues a mí, sí.**
Pues a mí, sí.   **Y a mí, también.**

- Puede unir las dos primeras fases si considera que su grupo es capaz de hacerlo. Si, por el contrario, prefiere dar un ritmo más pausado, desglose la fase B en dos pasos: primero, individualmente, marcan sus gustos al tiempo que repasan el vocabulario. Posteriormente, trabajan en grupos de tres.
- El modelo para la fase C prevé una intervención de cada uno de los tres miembros de cada grupo. Lógicamente, no es necesario reproducirlo exactamente, pero sí es conveniente que cada grupo prepare la información para las tres intervenciones.

PARA SU INFORMACIÓN
- Desde la entrada de España en la Unión Europea, el tradicional "champán" ha pasado a denominarse **cava**, al no poderse utilizar el nombre de la denominación de origen francesa.

Libro de trabajo: **1** **2**

25 EN CONTEXTO

❶ Supermercado Blasco

Compresión auditiva y lectora e interacción oral sobre compras en el supermercado.

FÍJESE EN QUE...
- Las dos tarjetas amarillas con la lista de la compra presentan el vocabulario de los pesos y medidas (**kilos, gramos,** etc.), los envases (**botella, lata, paquete,** etc.) y los productos (**naranjas, huevos, queso,** etc.).

PROCEDIMIENTOS
- Antes de realizar la audición de la actividad A, puede presentar el vocabulario aprovechando las dos listas y los productos de la fotografía, con un diálogo con sus alumnos. Cada uno debe marcar aquellos productos que se compran en su casa semanalmente, y aquellos que no se compran nunca. Después, usted pregunta:

¿Quién compra naranjas/tomates/zanahorias/huevos/leche/espagueti/...?
¿Qué cantidad?

- Para la actividad B, puede agrupar a los alumnos en parejas o pequeños grupos por especialidades. Así prepararán conjuntamente la lista de ingredientes y cantidades. Puede ser un buen momento para estimular el uso del diccionario aunque es posible que no encuentren todos los ingredientes. En ese caso, pídales que expliquen al resto de la clase de qué producto se trata, si los compañeros no lo conocen:

Es un producto de mi país que no existe en España. Es una especie de cebolla/patata/manzana...

- Para realizar la simulación en parejas de la actividad C, un alumno adopta el papel del cliente que llama por teléfono y el otro el de un empleado del supermercado. Después, pueden invertir los papeles.
- El cliente encarga aquellos ingredientes que tiene en su lista (con excepción de los que no existen en España).
- El empleado ha de anotar correctamente nombres y cantidades.
- Tras la simulación, los dos alumnos pueden comparar sus notas y comprobar así la comprensión.

❷ Cocina mexicana

Comprensión auditiva e interacción oral sobre el menú de un restaurante mexicano.

MÁS COSAS
- Puede sugerir a sus alumnos que elaboren diferentes carteles con el "menú del día" (dos primeros, dos segundos y un postre), cada uno con aquellos platos que más les gustan, de su país o de otros países. Nuevamente, tendrán que recurrir al diccionario.
- Si cree que sus alumnos están preparados, puede pedirles que, a partir de dichos carteles realicen una pequeña simulación en la que representen en pequeños grupos los papeles de camarero (un autor de un "menú del día", que lo presente y de explicaciones) y de los clientes que eligen los platos.

❸ Dieta mediterránea

Comprensión lectora e interacción oral en parejas sobre consejos para una alimentación sana.

FÍJESE EN QUE...
- El objetivo del texto es que los alumnos extraigan información relativa al contenido. Lo que importa es, por tanto, la comprensión y no los recursos de expresión que contenga.

PROCEDIMIENTOS
- Puede empezar trabajando el vocabulario de la pirámide preguntando a los alumnos si corresponde a sus hábitos:

¿Tú comes cada día yogur y queso?

- Después, pueden realizar la actividad A, que sirve de preparación para la lectura.

MÁS COSAS
- Cada alumno puede, luego, hacer una pirámide que sí refleje su hábitos reales. Puede eliminar productos o cambiarlos de lugar, o también, sustituirlos y añadir otros.
- Si cree que sus alumnos son capaces, puede inventar una entrevista con otro doctor que no comparta las opiniones del Dr. Rebollo. En parejas, manteniendo las preguntas, preparan otras respuestas. Luego, lo escenifican ante la clase. Los alumnos deberán escoger al doctor que tenga más aceptación.

Libro de trabajo: ❸ ❹ ❺ ❻ ❼ ❽ ❾ ⑩ ⑪ ⑫ ⑬ ⑭

❶ Compras para el menú del día

Interacción oral sobre platos e ingredientes típicos de la cocina española.

PROCEDIMIENTOS

- Antes de empezar la actividad que propone el ejercicio, puede usted darles unas pistas sobre los platos menos conocidos:

El gazpacho es una sopa fría. Lleva verduras, ajo, vinagre...
El cocido es una sopa con carne, verduras y más cosas.

- No importa tanto que den con los ingredientes correctos, cuanto que sean imaginativos y sugieran otros ingredientes que pueden llevar los platos.

MÁS COSAS

- Puede hacer un concurso en que se premie el plato de macarrones más sofisticado. Cada grupo explica qué ingredientes pondría, y la clase vota el mejor.

❷ ¿Es carne o pescado?

Comprensión auditiva e interacción oral sobre descripción de platos.

FÍJESE EN QUE...

- Sus alumnos le pedirán información sobre los platos por los que sientan curiosidad. No tenga problema en darles la traducción a su lengua, ya que el objetivo principal es que aprendan a preguntar sobre las características de un plato desconocido.
- En el apartado PARA EL RESTAURANTE de la columna gramatical central, los alumnos encontrarán los recursos que pueden usar para pedir la información.

PARA SU INFORMACIÓN

Bacalao al pil pil: uno de los platos más característicos de la cocina vasca. Es bacalao salado, en una salsa de ajos y aceite de oliva.

Angulas: anguilas pequeñas, también muy típicas de la cocina vasca. Actualmente, es uno de los productos más caros que se encuentran en un mercado español. Se suelen cocinar con ajo, guindilla y aceite de oliva.

Pollo al chilindrón: pollo acompañado de un guiso hecho a base de trozos de carne, cerdo o cordero rehogados con tomate y pimienta.

Pulpo a la gallega: tipo de pescado que se corta a trocitos, se hierve y se sazona con pimentón, aceite y sal. Se suele comer frío.

Fideuá: plato típico valenciano, similar a la paella, pero con la diferencia que en vez de arroz, se prepara con fideos.

Calamares en su tinta: plato típico vasco hecho a base de calamares guisados en su propia tinta.

Cabrito al horno: asado que se come prácticamente en toda España.

Pipirrana: ensalada típica andaluza hecha a base de pepino y tomate.

Ajo blanco: sopa fría andaluza hecha a base de almendra picada, migas de pan, agua, vinagre y ajos.

Lubina a la sal: tipo de pescado que se cubre de sal y se cuece en el horno. Puede usarse el mismo procedimiento con otros pescados (besugo, dorada, etc.).

Migas: plato típico de muchas regiones distintas. Existen, por tanto, gran variedad de recetas. En general contiene migas de pan seco humedecidas en agua y sofritas con aceite, cebolla y jamón o chorizo.

Tortilla sacromonte: plato típico granadino hecho a base de huevos, criadillas y sesos.

Arroz a banda: tipo de paella valenciana que se prepara con caldo de pescado y marisco. El arroz y el pescado se sirven y se comen separadamente.

Zarzuela: típico plato de cocina mediterránea que contiene diversas clases de pescado y marisco, y que se come con un sofrito que lleva tomate.

Percebes: tipo de marisco muy apreciado en España, aunque desconocido en otros países europeos. Se comen hervidos.

Cocochas: parte inferior de la cabeza de la merluza o del bacalao muy apreciada en el País Vasco.

Moteruelo: guisado hecho a base hígado de cerdo con especias y pan rallado.

Pisto manchego: plato hecho a base de diversas verduras (calabacín, cebolla, tomate...).

MÁS COSAS

- Probablemente algunos alumnos conocen platos latinoamericanos y puedan describirlos oralmente.
- Si en el grupo hay alumnos de varios países, puede ser interesante que se describan platos representativos de las diversas cocinas que sean desconocidos por el resto de los compañeros.

3 Buenas y malas costumbres

Comprensión lectora e interacción oral sobre hábitos y costumbres.

FÍJESE EN QUE...

- Si trabaja con alumnos procedentes de varios países, la actividad puede propiciar un pequeño debate, dado que lo que es considerado bueno o malo varía en las diferentes culturas.

MÁS COSAS

- Si cree que puede facilitar la actividad, proponga antes de empezar una lista de hábitos alimentarios en base a la cual los alumnos valorarán los hábitos alimentarios de su país de origen.

4 Comida de excursión

Interacción oral sobre una lista de cantidades de alimentos.

FÍJESE EN QUE...

- Para que los alumnos sean capaces de llevar a cabo esta actividad antes se debería trabajar recursos para expresar cantidad: **Es poco, es mucho, no es suficiente,** etc.

MÁS COSAS

- Puede preparar el ejercicio basándose únicamente en la situación y preguntando a los alumnos qué llevarían ellos para cuatro días de acampada, en las mismas condiciones del ejercicio: tres adultos y dos niños.
- Luego pueden comparar su lista con la que hay en el ejercicio.
- También se puede proponer esta actividad como final del ejercicio. Cada grupo, después de prepararla, lee su lista al resto de la clase.

Libro de trabajo:

❶ La tortilla española

Comprensión lectora y auditiva de recetas de cocina.

PROCEDIMIENTOS

- El texto sobre la tortilla puede tratarse como un juego de vocabulario y memoria de la forma siguiente: los alumnos lo leen en silencio dos veces. Usted calcula el tiempo que crea que necesitan, y les indica los minutos de que disponen. Pasados éstos, usted hace una señal y ellos cierran los libros. Entre todos deben reconstruir el máximo número de informaciones sobre la tortilla. Seguidamente vuelven a abrir los libros y a leer el texto. Ahora se resuelven los problemas de comprensión que quedaron pendientes.
- La receta sobre la tortilla puede trabajarse como comprensión lectora primero y auditiva después. Los alumnos taparán el texto escrito, usted leerá desordenadamente fragmentos del mismo, y los alumnos deberán señalar a cuál de las cuatro imágenes corresponde cada uno.
- En último lugar proceda a la audición y comprensión de la grabación, ya muy preparada en las fases anteriores.

CLAVE DE RESPUESTAS

La sartén tiene que estar... **muy caliente**.
Las patatas tienen que llevar... **mucho aceite**.
Las patatas hay que cortarlas... **finas**.
Las patatas hay que freírlas... **a fuego lento**.
Hay que sacar un poco de... **aceite**.
Hay que añadir a las patatas un poco de... **cebolla**.
La tortilla hay que comerla con un poquito de... **vino** y **un poquito de pan**.

❷ Recetas

Expresión escrita de recetas de cocina.

FÍJESE EN QUE...

- Los alumnos deberán aportar el vocabulario de los ingredientes propios de la receta elegida.
- La ficha OS SERÁ ÚTIL les proporciona el vocabulario general de las recetas y los recursos gramaticales necesarios.
- Existen muchas formas de escribir recetas: en Imperativo, en primera persona del plural o segunda del singular del Presente de Indicativo, en Infinitivo, o en forma impersonal. Excepto el Imperativo, que todavía no se ha presentado, los alumnos pueden utilizar cualquiera de ellas. Puede usted dejarles que usen la que prefieran y, una vez finalizada la escritura de la receta, transformarla: de cualquiera de las formas personales o con Infinitivo a forma impersonal, o a la inversa.

PROCEDIMIENTOS

- Cada grupo elige el plato cuya receta quiere escribir. También pueden elegir los platos individualmente, y luego agruparse por afinidades.

MÁS COSAS

- Puede proponer que cada grupo escriba las recetas en una ficha del tamaño de una cuartilla, reproduciendo el modelo de 1. Cada grupo firma su ficha con los nombres de todos sus miembros.

❸ La lista de la compra

Interacción oral en parejas sobre la confección de una lista de la compra.

FÍJESE EN QUE...
- Tiene que formar parejas mixtas, con alumnos pertenecientes a grupos distintos de los formados para la tarea anterior.
- Cada alumno debe tener una copia de la receta de su grupo.

PROCEDIMIENTOS
- Un alumno dicta las cantidades que necesita y el otro toma notas. Puede hacerlo en forma abreviada, lo importante es entender lo que oye. Luego, se invierten los papeles. Al final, comparan sus listas para comprobar que lo han entendido bien.

❹ El "Libro de cocina" de la clase

Interacción oral en grupos sobre recetas de cocina.

PROCEDIMIENTOS
- Se expondrán todas las recetas en la pared del aula para que todos los alumnos puedan leerlas y tomar notas de aquellas cosas sobre las que quieren hacerles preguntas a los autores: ingredientes desconocidos, origen del plato, datos que echen en falta en la ficha (tiempo de cocción, alguna fase de la preparación...). Al final se vota la receta más atractiva. Pueden completar las recetas con dibujos.

Libro de trabajo: 27

HOY NO CENO

❶ Pepe Corriente es una persona muy normal, un español medio

Comprensión lectora e interacción oral sobre costumbres relativas a la comida en distintas sociedades.

PROCEDIMIENTOS

- Como se indica en el ejemplo, el modo de contrastar las costumbres consiste en buscar en el texto cosas que sus alumnos nunca suelen hacer.

MÁS COSAS

- Puede aprovechar este momento para comentar costumbres y normas sociales asociadas a las comidas:

¿Se dice algo al empezar a comer, o al terminar? (En español, **que aproveche** se usa al empezar a comer o cuando otros empiezan, pero no sistemáticamente.)
¿Se sigue alguna regla en cuanto a cuándo empezar, cómo servirse, etc.?
¿Hay tabúes: no hablar de determinados temas, no hacer determinadas cosas?

❷ En grupo, y con el diccionario, tenéis que escribir la lista de palabras que os sugiere un determinado alimento, por ejemplo: el pan, el vino, el limón, el chocolate, la fresa...

Comprensión lectora y expresión escrita de poemas.

FÍJESE EN QUE...

- En los dos poemas aparecerá vocabulario que no es necesario memorizar, pues sólo cumple la función de hacer posible la actividad (**relucir**, **constelación**, **pulpa**, **víscera**, **entreabierto**, ...). Si usted hace hincapié en los aspectos vivenciales de la actividad, y recalca que algunos de los contenidos lingüísticos son muy secundarios, probablemente será más fácil llevarla a cabo.

PROCEDIMIENTOS

- El ejercicio puede realizarse en dos fases:
a) En primer lugar, se realiza una asociación de ideas a partir de las palabras que se ofrecen.
b) Seguidamente, los alumnos leen los poemas individualmente.
- Léales en voz alta y pausadamente cada uno de los dos poemas, mientras ellos siguen la lectura en el libro.
- Para la comprensión de las palabras que no entiendan puede recurrir a la traducción de los términos.

MÁS COSAS

- Pregúnteles qué metáforas les han gustado especialmente:

cebolla - planeta
cebolla - rosa de agua redonda
disfrutar del tomate - necesidad de asesinarlo
tomate - víscera roja
tomate - sol fresco
tomate y cebolla - boda, celebración con el aceite, la pimienta, la sal...

Gente que canta: "**La pócima secreta**"

- Puede preparar la audición advirtiendo de que se trata de una receta especial: una poción mágica para enamorar a alguien. Antes de la audición, puede pedir a los alumnos que imaginen qué ingredientes puede contener. Luego, los compararán con los de la canción.
- También puede pedirles que hagan estas cosas:
a) Escuchen la canción una vez y anoten las cantidades de **comprensión**, **ternura**, **aventura**, **locura**, **monotonía**, **rutina**, **pasión**.
b) Escuchen otra vez y anoten otros ingredientes, cuya cantidad no se especifica.
c) Expliquen su opinión:

¿Añadirías o quitarías algún ingrediente?
¿Modificarías las cantidades?
¿Qué cantidades pondrías en los ingredientes que la canción no especifica?

Gente que lee: **capítulo 7**

Puede provocar una práctica oral en el aula con preguntas como:

¿Habías oído hablar de la paella? ¿Qué cosas has aprendido en este capítulo sobre este plato español?
¿Cuáles serían tus ingredientes preferidos para una paella (aparte del arroz)?
¿Qué pasa en la imagen de la página 40?

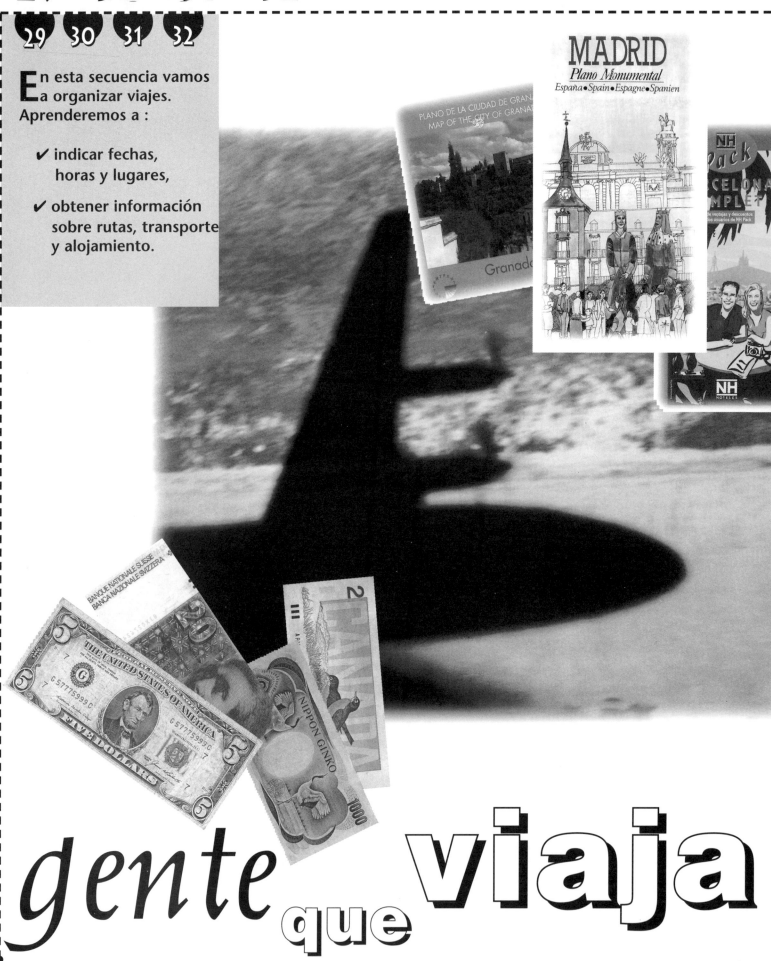

29 30 31 32

En esta secuencia vamos a organizar viajes. Aprenderemos a :

✔ indicar fechas, horas y lugares,

✔ obtener información sobre rutas, transporte y alojamiento.

PLANO DE LA CIUDAD DE GRANADA
MAP OF THE CITY OF GRANADA

Granada

MADRID
Plano Monumental
España•Spain•Espagne•Spanien

NH pack
CELONA
PLET

gente que **viaja**

1 **La agenda de Ariadna Anguera**

Comprensión lectora y expresión escrita sobre fechas y planes.

FÍJESE EN QUE...
- Para realizar esta actividad, los alumnos deben imaginar que viven en Madrid. También deben suponer que pueden desplazarse a las ciudades a las que ha de viajar Ariadna Anguera. En este caso, bastará con tener en cuenta los compromisos que ella tiene en cada lugar.

Ahora mira las fotos

FÍJESE EN QUE...
- Los alumnos utilizarán todo el vocabulario que aparece en las dos páginas, más el relativo a aquellas otras cosas que cada uno necesita habitualmente en los viajes y que no aparece indicado en las imágenes (mapas de carreteras, planos de ciudades, maquinilla de afeitar, bolsa de aseo...). Para esta actividad necesitarán el diccionario o en su lugar, la traducción que usted les dé.

Libro de trabajo: ④

1 El Camino de Santiago

Comprensión lectora de itinerarios.

FÍJESE EN QUE...

- El texto introductorio que acompaña la imagen no es necesario para la realización de la actividad, pero contribuye a establecer el contexto y suministra información cultural complementaria.
- En las informaciones del cuadro de "Actividades" (que los alumnos deben comprender relacionándolas con los distintos personajes de la imagen), se introducen los siguientes elementos léxico-gramaticales: **acabar de / estar a punto de** + INFINITIVO, **ya, todavía.** La realización de la actividad debería ser suficiente para su comprensión.
- Una vez realizada una lectura individual, la actividad puede resolverse en pequeños grupos, o toda la clase en conjunto. Elija usted la opción que mejor se ajuste a su grupo de alumnos.

PARA SU INFORMACIÓN

- **Jaume** es la forma catalana de las formas castellanas **Jaime y Santiago**; y estos tres, al igual que **Yago** y el resto de nombres que aparecen, diversas formas de la evolución de **Jacob**.
- Cuando la festividad de Santiago (25 de julio) cae en domingo, es tradicional realizar el peregrinaje a la ciudad de Santiago de Compostela siguiendo la ruta de los peregrinos europeos, que hacían este peregrinaje en la Edad Media. En Roncesvalles (Navarra), cerca de la frontera con Francia, confluían dos rutas que venían de Europa, y el camino seguía ya una única ruta hasta Santiago.

MÁS COSAS

- Si prevé que sus alumnos van a tener muchas dificultades con el vocabulario, introduzca paulatinamente los distintos recursos. Tome a dos personajes fácilmente identificables (el de la bicicleta y el del caballo, por ejemplo), y presente algunos recursos:

El de la bicicleta está cerca de Santiago, está a punto de llegar.
El del caballo está lejos; acaba de cruzar la frontera.

Luego, con otros personajes:

El de la camisa blanca y gorro amarillo ya ha pasado por León y Burgos, el de la camisa amarilla aún no.

- Puede pedir a los alumnos que sitúen algún personaje más con el que se identificarán, en algún punto del Camino. Los compañeros harán preguntas para poder localizarlo.

A1: **¿Ya has pasado por Frómista?**
A2: **Sí.**
A3: **¿Estás muy lejos de Compostela?**
A2: **No.**

❷ Un curso de español en Granada

Comprensión lectora y auditiva sobre fechas, reservas e inscripciones.

FÍJESE EN QUE...

- La grabación magnetofónica contiene seis llamadas telefónicas de Rick Van Patten, un joven holandés que va a hacer un curso de español en Granada. Rick se encuentra con las siguientes situaciones:

- En la primera llamada marca mal el número del abonado.
- En la segunda, llama al Centro de Español pero la comunicación se corta.
- En la la tercera, habla de nuevo con el mismo centro.
- En la cuarta, habla con el servicio de información de las líneas aéreas.
- En la quinta, con un hotel.
- En la sexta llamada, deja grabado un mensaje en el contestador automático de un amigo.

- Conviene preparar la audición con la lectura del folleto y del "Contexto". Los alumnos pueden hacer una pequeña lista de las informaciones que faltan para prever algunas de las preguntas de Rick. Luego, podrá proceder a realizar la actividad que se propone en el libro.

MÁS COSAS

- En una segunda audición de las llamadas telefónicas, una vez resuelta la tarea de comprensión, puede llamar la atención a los alumnos sobre fórmulas muy habituales al teléfono: **Lo siento, se equivoca, aquí es..., dígame, se ha cortado**, etc.
- Estas conversaciones también incluyen recursos de uso muy frecuente para dar y solicitar información, sobre los que puede llamar la atención a sus alumnos: **Quisiera saber, otra cosa, tome nota, te llamaba para decirte...**, etc.

CLAVE DE RESPUESTAS

1. Para llamar a España el prefijo es el **34**, y para llamar a Granada el prefijo es el **58**.
2. El número del Centro de Español es el **223445**. El curso empieza el **día 2** a las **9.30**.
3. La dirección de la familia española es **Pza. Mariana Pineda, 6**. Pero hay un problema: la habitación **está libre a partir del día 3**.
4. Hay un vuelo Madrid-Granada a las **12.35** y otro a las **17.15**.
5. Rick reserva el hotel **Generalife** para las noches del **1 y 2 de marzo**. La habitación cuesta **8.300 ptas**.
6. Va a estar en Granada un mes, desde **el 1 de marzo** hasta **el 3 de abril**.

Libro de trabajo: ⑩

❶ Un juego: Oviedo-Sevilla-Oviedo

Comprensión lectora y expresión oral sobre un itinerario.

FÍJESE EN QUE...

- Para este juego, cada grupo necesitará un dado. Asegúrese de llevar unos cuantos a clase. En su defecto, puede usar cartulinas, recortadas en forma hexagonal, y atravesadas en su punto central por un palillo, o un lápiz corto. En cada lado del hexágono escribirán un número del 1 al 6; haciendo girar la cartulina como una peonza, se produce el mismo efecto que con los dados.
- Lo más fácil para marcar las posiciones de los jugadores puede ser escribir la inicial del nombre en la casilla donde se encuentra. Se consigue así que los alumnos estén obligados a estar atentos ante las explicaciones de sus compañeros.

PROCEDIMIENTOS

- Antes de empezar el juego, se deben leer bien todas las instrucciones y hacer un par de pruebas. (Observe que la comprensión de las propias reglas es por sí mismo un trabajo lingüístico.)
- En cada tirada de dados, el jugador tiene que explicar el recorrido que le ha marcado la suerte.

Un cuatro. O sea 200 Km en tren. De Ciudad Real hasta...

MÁS COSAS

- El ganador puede optar a un premio especial si es capaz de recordar y explicar todas las incidencias del juego. Por ejemplo:

He salido de Oviedo en coche y he llegado hasta Palencia. De Madrid a Sevilla he ido en avión...

❷ ¿Cuándo es tu cumpleaños?

Interacción oral sobre fechas, días y meses.

FÍJESE EN QUE...

- Debe dejar claro el objetivo (conseguir el máximo número de fechas de cumpleaños), la mecánica (circular por la clase, preguntar y anotar en un papel) y las condiciones (tiempo límite).

PROCEDIMIENTOS

- Para realizar esta actividad, toda la clase debe ponerse de pie: cada alumno tiene que hablar con el máximo número de compañeros en un tiempo límite.
- Ajuste el tiempo máximo (5 minutos según el libro) a la realidad de su grupo, reduciéndolo o aumentándolo si es preciso.

PARA SU INFORMACIÓN

- Los españoles hablan de los "meses sin erre". Como coinciden con un período del año (mayo-agosto), suelen servir para formular distintos consejos relacionados con las labores agrícolas, la salud y otros aspectos relacionados con el ciclo anual.
- También existen muchos proverbios relacionados con los meses: "abril, aguas mil".

❸ Hotel Picos de Europa

Comprensión auditiva de reservas de hotel.

MÁS COSAS
- Si lo considera oportuno, pida que sus alumnos hagan pequeñas simulaciones, representando situaciones parecidas a las de la grabación: un alumno es un cliente que reserva o anula y otro el recepcionista que le atiende.

CLAVE DE RESPUESTAS
Viernes: - **anular Marquina**
          - **anular Benito**
Sábado: - **reservar Sánchez**
          - **anular Benito**
Domingo: - **reservar Sánchez**
          - **reservar Cebrián**

❹ De 9h a 14h

Interacción oral sobre horarios de establecimientos.

FÍJESE EN QUE...
- Los horarios que aparecen escritos en la imagen están expresados de cero a veinticuatro horas y de cero a sesenta minutos. En el ejercicio, los alumnos deben utilizar las formas conversacionales habituales (**de una a doce horas de la mañana/tarde/noche**) y las expresiones (**las 11 y cuarto/veinte/media, las 11 menos cuarto/veinticinco...**).
- Hay que tener presente también el día de la semana.

Libro de trabajo:

TAREAS

❶ Un viaje de negocios

Comprensión lectora e interacción oral en parejas sobre planes y viajes.

FÍJESE EN QUE...

- Ésta es la primera actividad de la tarea de esta lección: fijar el calendario a partir de los datos que se dan en la documentación que se ofrece (calendario, fax de la agencia de viajes y ficha con la agenda de trabajo y "manías"). Completarán la tarea en los ejercicios 2 y 3.

PROCEDIMIENTOS

- En primer lugar, habrá que leer la ficha con la agenda de trabajo y comprobar las fechas con el calendario. Así sabremos el día de salida y el de regreso.
- A partir de ahí, cada pareja tendrá ya su trabajo encauzado. Déjeles abordar la tarea según sus propios criterios. Tendrán que discutir y razonar en español los pasos que van a seguir. Usted puede observar a las distintas parejas y prestar la ayuda necesaria para que ninguna de ellas se bloquee.

MÁS COSAS

- Puede pedir a una pareja de voluntarios que exponga el plan de viaje en público. Las demás parejas comprueban si los planes coinciden. Si no se da el caso, se comprobará si las distintas alternativas son viables, o si hay alguna que no lo es.

Ahora haced la reserva

PROCEDIMIENTOS

- Esta actividad sólo puede realizarse con un alumno cada vez. Lo ideal será proceder del siguiente modo:
a) Las mismas parejas preparan la llamada telefónica a la agencia de viajes, sólo lo que tendrá que decir el personaje que hace la llamada.
b) Un voluntario representa en público la llamada. El profesor hace de empleado.
c) Se forman nuevas parejas. Un alumno es el que hace la llamada y otro el que la responde. Así practica toda la clase a la vez.

❷ El hotel

Comprensión lectora e interacción oral en parejas sobre reservas de hotel.

FÍJESE EN QUE...

- Para realizar esta actividad han de tener presentes los datos que obtienen a partir de las informaciones de tres hoteles:
a) las tarjetas de los tres hoteles,
b) los datos que facilita la grabación magnetofónica,
c) el plan de viaje que cada pareja ha fijado en la actividad anterior.

PROCEDIMIENTOS

- Puede proceder de manera similar a como se ha indicado en la actividad anterior.

3 **Un fax para el jefe**

Expresión escrita en parejas sobre el plan de viaje.

FÍJESE EN QUE...
- El resultado de esta actividad puede variar según la mayor o menor complejidad que cada pareja desee darle:

a) La más sencilla: el plan de viaje, muy esquemático.

b) El plan de viaje y unas recomendaciones e informaciones útiles, también formuladas esquemáticamente.

c) Una carta con encabezamiento y despedida, en la que se incluyen las recomendaciones y las informaciones útiles. El plan de viaje se adjunta en un esquema.

PROCEDIMIENTOS
- Cada pareja empieza con la opción (a) que se describe en FÍJESE EN QUE y luego decide cómo seguir.
- Es conveniente que redacten los textos en cooperación.

Libro de trabajo: 22

¡QUÉ RAROS SON!

1 **¿Cómo piensa un ejecutivo de tu país?**

Comprensión lectora e interacción oral sobre convenciones sociales.

MÁS COSAS
- Puede pedirles que hagan una lista de tópicos y clichés sobre los españoles.
- También pueden hacerla sobre su país o su ciudad, o sobre algún país vecino o alguna otra ciudad.
- Finalmente, puede suscitar la reflexión sobre la falta de fundamento en la creación de esos lugares comunes, y sobre el peligro de valorar otras costumbres y conductas cuyas pautas culturales quizá desconozcamos. Puede ser un buen momento para comentar con los alumnos la indisociabilidad entre las cuestiones culturales y las lenguas.

Libro de trabajo: **23**

Gente que canta: "El tren de la vida"

- Puede animar a los alumnos a comentar la canción con preguntas como:

¿Qué pasa con el tren de las siete? ¿Y con el de las dos?
¿Por qué se le va a escapar el tren de la vida?
¿Te encuentras a menudo en estas situaciones parecidas a las que vive el personaje?
¿Cuándo y dónde?

- Pregunte a sus alumnos a qué situaciones puede aplicar las siguientes expresiones:

No hay tiempo para más.
Hay que quedar bien.
A vivir, que son dos días.

- Puede también pedirles que describan con más detalle cómo se imaginan los dos personajes.

Gente que lee: capítulo 8

Tras la lectura, los alumnos pueden explicar todo lo que sepas sobre los dos personajes de las imágenes de las páginas 42 y 43, y sobre la conversación que están manteniendo. También pueden contestar a preguntas como éstas:

¿Cómo te imaginas a Fernando Valcárcel? ¿Cómo crees que va a reaccionar cuando vea el hotel que le han reservado?
Tú eres Alba. ¿Qué le dices al alcalde, en la entrevista que vas a mantener con él?

Vamos a discutir los problemas de una ciudad y establecer prioridades en sus soluciones. Para ello aprenderemos a:

✔ describir, comparar y valorar lugares,
✔ opinar y debatir.

gente de ciudad

❶ Cuatro ciudades donde se habla español

Comprensión lectora e interacción oral en pequeños grupos sobre datos de las ciudades.

FÍJESE EN QUE...

- En el texto aparece vocabulario nuevo para los alumnos, aunque por el contexto pueden intuir su significado. Además, aparecen también los siguientes recursos para referirse a cantidades aproximadas (**unos tres millones, unos 20 grados, casi once millones...**) que no es necesario trabajar activamente, aunque puede llamar la atención sobre su significado.

MÁS COSAS

- Los alumnos, individualmente o en pequeños grupos, eligen una foto y realizan las siguientes actividades:

a) En primer lugar, aportan algún dato que no esté en la lista de la actividad sobre una de las cuatro ciudades.

b) Seguidamente, buscan en la foto tres detalles no demasiado aparentes.

c) Luego dicen el dato y quien acierte a qué ciudad se refiere el compañero, suma dos puntos.

Si nadie lo acierta, tendrán que añadir información obtenida a partir de la observación de las fotos. Quien lo acierte en esta fase, consigue sólo un punto. Obviamente, gana el equipo o el alumno que más puntos obtiene.

- La actividad puede realizarse con la ayuda de algún texto de tipo enciclopédico, en español o en la lengua de los alumnos.

CLAVE DE RESPUESTAS

FOTOS	CIUDAD	DATOS
3	**Las Palmas**	c - f - h - n - ñ - p
1	**Bogotá**	e - i - k
2	**Sevilla**	b - g - h - o
4	**Buenos Aires**	a - d - j - l - p

Libro de trabajo: ❶

❶ Calidad de vida

Comprensión lectora e interacción oral sobre la calidad de vida en una ciudad.

FÍJESE EN QUE...
- La mayor parte del vocabulario del cuestionario es activo. En la actividad A, lo utilizan pasivamente, pero activamente en la B. Además, volverán a necesitarlo en el ejercicio 2.
- Aunque las respuestas de los alumnos son abiertas, por estar vinculadas a su propio entorno real, en la actividad B se ofrece un modelo de intervención que puede servirles de guía.

PROCEDIMIENTOS
- Para realizar la actividad B, llámeles la atención sobre el esquema de intervención:

Yo le he dado un ...
A mí me parece que ... y además ...
Por otra parte, ...

MÁS COSAS
- Puede suceder que los alumnos no estén lo suficientemente informados sobre el lugar donde se encuentran. En ese caso pueden aplicar la encuesta a un pueblo o ciudad que conozcan bien. Lo ideal es que siempre haya dos o tres alumnos que elijan una misma ciudad, para poder contrastar sus opiniones. Si tampoco se da el caso, cada alumno puede informar sobre la puntuación que le merece la ciudad que haya elegido.

❷ Dos ciudades para vivir

Comprensión lectora e interacción oral sobre preferencias personales.

FÍJESE EN QUE...
- La actividad A sirve de preparación para la lectura de los dos textos, de manera que funciona como enlace entre la definición del "Contexto" y la actividad B.
- Los alumnos podrán obtener, en los propios textos, el vocabulario que utilizarán activamente para justificar su opción.

MÁS COSAS
- Puede indicarles el uso restringido de algunos de los términos que aparecen y facilitarles, si lo desean, los términos más generales: **cerros, colinas (montañas), islotes (islas), eventos (acontecimientos)...**

Libro de trabajo: ❻

1 Villajuán, Aldehuela y Rocalba

Comprensión lectora e interacción oral sobre diferentes ciudades.

PROCEDIMIENTOS

- Se trata de un ejercicio en dos fases, la primera individual y la segunda con la clase entera. Primero debe completarse correctamente la tabla con los nombres de los tres municipios. Sólo se podrá realizar la segunda fase si los alumnos han completado el cuadro correctamente.
- Para la segunda fase tienen que utilizar todos los recursos que aparecen en la columna central bajo los epígrafes COMPARAR, INDICAR SUPERIORIDAD e INDICAR IGUALDAD. Para facilitarles el trabajo, puede ejemplificar la mecánica formando sucesivamente frases con elementos de los tres epígrafes.

CLAVE DE RESPUESTAS

Nombre del municipio: **Rocalba, Villajuán, Aldehuela.**

2 Ciudades del mundo

Interacción oral sobre lugares del mundo.

PROCEDIMIENTOS

- Inicie la actividad proponiendo algunas ciudades a modo de ejemplo. De este modo, puede proporcionar ideas y recursos lingüísticos que faciliten la tarea. Pueden servir también otros elementos que ya conocen, como los puntos cardinales, la referencia a ríos, lagos o mares, etc.

P: **Es una ciudad que tiene un metro muy bonito.**
A1: **Tokio.**
P: **No. Está en Europa.**
A2: **Munich.**
P: **No, está en un país más grande.**
A3: **París.**
P: **No. Está más lejos de España que París y en un país más grande que Francia.**
A4: **Moscú.**
P: **¡Sí!**

3 Me gustan las ciudades grandes

Interacción oral sobre preferencias personales.
Observación de las oraciones de relativo.

FÍJESE EN QUE...

- Al realizar esta actividad, pueden activar todo el vocabulario que ha aparecido en esta lección y en las anteriores. Sin embargo, puede que los alumnos quieran decir cosas para las que carecen del vocabulario necesario. Puede ayudarles o indicarles que consulten el diccionario.

Ahora, entre todos, haced una lista de vuestras preferencias en la pizarra

PROCEDIMIENTOS

- La anotación de preferencias en la pizarra se realiza en frases sueltas pero la actividad oral de descripción conjunta de la ciudad ideal requerirá el uso de conectores textuales (**y también, ni tampoco, pero, además...**). Escríbalos en la pizarra en una columna aparte e indique a sus alumnos que los utilicen cuando lo consideren apropiado.

4 **¿París, Londres o Roma?**

Interacción oral sobre preferencias y su razonamiento.
Observación del contraste me gusta/me gustaría.

FÍJESE EN QUE...
- La forma **me gustaría**, como expresión de un deseo de cumplimiento incierto, se contrasta con otras dos formas alternativas: **me gusta**, como expresión de gustos (ejercicio anterior), y **quiero**, como expresión de intenciones (una de las frases de este ejercicio).

MÁS COSAS
- Pida a sus alumnos que hagan una lista de intenciones firmes para el próximo fin de semana (con **quiero** y razonando las intenciones con **me gusta**), y otra de deseos de más difícil cumplimiento (con **me gustaría**).

5 **¿Campo o ciudad?**

Interacción oral sobre expresión de opiniones y manifestación de acuerdo o desacuerdo.

FÍJESE EN QUE...
- La lista de sugerencias incluye diversos recursos de impersonalidad: **se** + tercera persona, verbo en segunda persona del singular del Presente de Indicativo, **la gente**. No es necesario que los trabaje activamente, basta con que los alumnos los comprendan.

Libro de trabajo:

1 **Villarreal**

Comprensión lectora, auditiva y expresión escrita sobre condiciones de vida en una ciudad. Interacción oral en grupos de tres sobre los problemas de una ciudad.

FÍJESE EN QUE...
- La imagen y los textos de esta actividad proporcionan el contexto necesario para la realización de la tarea de esta lección, que está enunciada en el ejercicio 2. Así pues, la lectura y la audición estarán guiadas por el propósito de la tarea.
- Es importante darse cuenta de que son los propios alumnos quienes, a partir de la información obtenida, establecen las prioridades del municipio.

PROCEDIMIENTOS
- Explique a sus alumnos el propósito de la tarea: distribuir el presupuesto municipal según las prioridades que previamente se habrán establecido.
- Los alumnos realizan una primera lectura con el objetivo de familiarizarse con la realidad de Villarreal. Antes de la lectura puede trabajar con la imagen. Pida a sus alumnos que describan el pueblo interpretando el plano.
- Seguidamente, cada alumno lee el texto, comprueba si su contenido se corresponde con la descripción que se ha hecho en la clase y señala los datos nuevos que aporta.
- Luego, puede realizar una segunda lectura guiada por el propósito de la tarea: cada alumno elaborará una lista con los principales problemas cuya solución debe abordarse en el próximo pleno municipal. Si lo prefieren, pueden, ya en esta fase, trabajar en pequeños grupos.

Escuche ahora la encuesta radiofónica

PROCEDIMIENTOS
- En la encuesta radiofónica, varios habitantes de Villarreal manifiestan sus opiniones. Cada alumno deberá decidir, a partir de ese abanico de opiniones y de la información que han obtenido del texto, cuáles son los problemas más acuciantes de esta ciudad.
- En la fase de corrección, pídales que relacionen los datos de la audición con los del texto.

Formad grupos de tres y decidid cuáles son los cuatro problemas más urgentes de la ciudad

PROCEDIMIENTOS
- A partir de todos los datos que tienen los alumnos en las notas que han ido tomando, cada grupo debe decidir cuáles son los cuatro problemas más urgentes. En la discusión, y luego en la exposición pública de sus conclusiones, pueden utilizar los recursos de la ficha "Os será útil".

Libro de trabajo: 27

2 **Las finanzas de Villarreal**

Expresión escrita e interacción oral en grupos sobre los presupuestos de una ciudad.

PROCEDIMIENTOS

- La actividad se compone de dos fases:
a) En primer lugar, cada grupo de alumnos elabora una propuesta de distribución del presupuesto según su propio criterio.
b) En segundo lugar, la clase en conjunto debate las distintas propuestas.

- Pida a cada grupo que presente su propuesta en un documento escrito, de modo que toda la clase lo tenga a la vista en la fase de discusión. Si trabaja con retroproyector, puede darles folios transparentes para que la escriban en ellos; también pueden escribirla en la pizarra o en carteles, que se pueden colgar en las paredes de la clase.

3 **Cambios en nuestra ciudad**

Interacción oral sobre cambios en una ciudad.

FÍJESE EN QUE...

- En esta actividad, los problemas y las propuestas de resolución adquirirán un carácter mucho más vivencial y, por tanto, probablemente mucho más motivador.
- Se podrán reutilizar todos los recursos lingüísticos trabajados en las cuatro lecciones de la secuencia.

¿QUÉ ES UNA CIUDAD?

1 Mira estas fotos

Observación de la realidad cultural de distintas ciudades de América Latina.

FÍJESE EN QUE...
- En esta actividad, los alumnos trabajan a partir de su intuición y de la relación entre imágenes y vocabulario.

MÁS COSAS
- El texto es una extensa respuesta a la pregunta del título. Puede pedirles a sus alumnos que sinteticen dicha respuesta en una sola frase de no más de dos líneas. También puede elegir las 10 palabras del texto que, en opinión de cada alumno, mejor representan lo que es una ciudad.

2 Ahora escucha a tres personas que hablan de estas ciudades

Comprensión auditiva de monólogos sobre tres ciudades.

CLAVE DE RESPUESTAS
Baracoa: zona caribeña, ciudad misteriosa, isla, playa.
Oaxaca: ciudad colonial, enclave arqueológico.
Buenos Aires: actividad cultural, salas de teatro y cines, todo tipo de espectáculos, ciudad que no duerme.

3 Si quieres, puedes explicar a tus compañeros las características de tu ciudad o lugar de origen

Interacción oral sobre características de la propia ciudad.

FÍJESE EN QUE...
- Ésta es una actividad de expresión libre, en la que cada alumno utilizará los recursos lingüísticos de los que dispone. Es posible que necesite otros, que el profesor podrá ir suministrando, pero conviene que sus alumnos conversen libremente y resuelvan conjuntamente los problemas de comprensión que eventualmente puedan surgir.

MÁS COSAS
- Si no se ha trabajado con la clase en conjunto (parejas o pequeños grupos) puede pedir a distintos alumnos que expliquen a todo el grupo qué es lo que más les ha interesado de lo que les han explicado sus compañeros.

Libro de trabajo:

Gente que canta: "Y es que hace tanto calor"

- Después de escuchar esta canción, pueden compararla con el texto de la lección 36:

¿Son dos visiones semejantes de la ciudad, o son muy distintas?
¿Qué te ha gustado más de cada una?

PARA SU INFORMACIÓN

En la canción hay numerosas referencias concretas a Madrid:
- **José Luis** es una cadena de bares que suelen estar situados en barrios burgueses. La comida más característica de este tipo de locales son las tapas y los bocadillos.
- **La Castellana** es una inmensa avenida de Madrid en donde se suelen instalar muchas terrazas. De noche se convierte en una de las zonas más animadas de la ciudad.
- **Un cubata** es el término utilizado en la jerga juvenil para "cuba libre", una bebida muy consumida en España que se compone de cola mezclada con ron, ginebra, vodka o whisky.

Gente que lee: capítulo 9

- Después de la lectura de este capítulo pueden comparar Villarreal y Benisol:

¿En qué se parecen y en qué se distinguen estas dos poblaciones?
¿Cuáles son los problemas comunes a las dos poblaciones?
¿Cuáles son los problemas específicos de Benisol?

- Lógicamente, habrá que remitirse también a los capítulos anteriores de la novela.

Vamos a visitar a una familia española en su casa. Aprenderemos a:

- ✔ saludar y despedirnos,
- ✔ hacer presentaciones,
- ✔ interesarnos por nuestros amigos y por sus familiares.

gente en casa

1 **¿Dónde ponemos esto?**

Interacción oral en parejas sobre el mobiliario y las partes de una vivienda.

FÍJESE EN QUE...

- El piso de referencia es el del plano, que está a medio amueblar. El criterio de distribución de los muebles fotografiados es triple: por un lado, el tipo de habitación al que pertenecen (dormitorio, comedor, aseo...). Por otra parte, hay que considerar la identidad del ocupante de cada habitación (el abuelo, la pareja o Marta). Finalmente, se debe tener en cuenta qué muebles hay ya en las habitaciones.
- Sigue tratándose, sin embargo, de un ejercicio abierto: cualquier propuesta es válida en la medida en que parezca razonable al grupo.

PROCEDIMIENTOS

- Puede empezar comprobando la comprensión del vocabulario (partes de la casa y mobiliario) con toda la clase, a partir del plano del piso mediante preguntas como las siguientes:

¿Qué muebles hay ya en el comedor?
¿Cuál es la habitación de Ángel y Mari Paz? ¿Y la de Marta?

- Luego, puede dejar que en parejas resuelvan la distribución de los muebles.

MÁS COSAS

- Puede realizar un trabajo en parejas: un alumno describe a un compañero la forma y el contenido de su habitación o de una de las habitaciones de su casa. El compañero deberá ir dibujando muebles en un plano. Podrá pedir más información si la necesita.

A1: **A la derecha hay una ventana y una mesa...**
A2: **¿Una mesa grande?**
A1: **No, no muy grande.**

- Después, comprobarán juntos con el dibujo hasta qué punto es correcto y lo corregirán con más explicaciones.

A1: **La mesa está más cerca de la cama.**
A2: **¿Aquí?**
A1: **Sí.**

¿En qué tipo de casas crees que viven la mayoría de los españoles?

FÍJESE EN QUE...

- Los distintos tipos de casas de la página 100 representan estilos de vivienda de distintas zonas (rurales o urbanas, del centro urbano o de barrios populares, de regiones soleadas y de regiones húmedas...).
- El ejercicio no tiene una única respuesta. Su objetivo es doble: estimular la imaginación de los alumnos para que se pronuncien al respecto y transmitir una imagen de la diversidad de España.
- Si sus alumnos no se muestran muy activos, puede guiar su producción con preguntas de este tipo:

¿Las casas de D os parecen casas del sur de España o del norte?
¿Cuáles creéis que pueden estar en la misma ciudad, y cuáles no?

Libro de trabajo:

① Una película: de visita en casa de unos amigos

Comprensión auditiva y lectora sobre formas de cortesía en las visitas.

FÍJESE EN QUE...
- En algunos de los fotogramas está marcada la hora en que se desarrolla la acción, lo que proporciona a los alumnos información cultural sobre los horarios de los españoles.

PROCEDIMIENTOS
- A partir del contexto y de la foto de las seis personas, pídales a sus alumnos que identifiquen quién es quién y qué relación pueden tener entre ellos.
- Realice después la actividad A. Para ello, puede trabajar primero a partir de la comprensión lectora. En la mayor parte de los fotogramas, sólo será posible distinguir las réplicas correspondientes a los papeles sociales (**anfitriones - invitados**). Posteriormente, con el texto sonoro, podrán distinguir las personas concretas, a partir de las voces masculinas y femeninas.
- Finalmente realice la actividad B, que se puede secuenciar de la forma siguiente:
a) Primero, haga observar formas de comportamiento en el tipo de situaciones que se ejemplifican (tanto lo que se hace como lo que no se hace). Los posibles temas de contraste son: el tratamiento (tú/usted), el contacto corporal en los saludos y despedidas, los obsequios (botella de vino, ramo de flores, caja de bombones) de los invitados y la reacción de los anfitriones, el enseñar la vivienda, los elogios (del barrio, de la vivienda, de los muebles, de las personas...) y las correspondientes reacciones, y los horarios (de la cena, de la sobremesa y de la despedida).
b) Seguidamente, fije la atención de los alumnos en los intercambios ritualizados: qué se dice en los saludos, en las presentaciones, en las despedidas, para elogiar, etc.

CLAVE DE RESPUESTAS
1. **Mari Paz - Hanna - Ángel - Paul**
2. **Mari Paz - Hanna - Ángel**
3. **Paul - Mari Paz**
4. **Ángel - Hanna - Celia**
5. **Ángel - Mari Paz - Paul - Hanna - Ángel**
6. **Hanna - Mari Paz**
7. **Germán - Ángel - Paul - Germán**
8. **Hanna - Paul - Ángel - Mari Paz - Hanna**
9. **Mari Paz - Hanna - Ángel**

② Piso en alquiler

Comprensión auditiva de descripciones y alquiler de viviendas.

PROCEDIMIENTOS
- La actividad A les ayudará a realizar la actividad B: los alumnos describen, a partir de los planos, las características de los dos pisos.
- En una segunda fase, se procede a la audición y los alumnos tratan de averiguar a qué piso se refieren.
- En un tercer momento, escuchan la conversación entre la propietaria y el posible inquilino del piso. Los alumnos pueden tomar notas de otras características del piso.

MÁS COSAS
- Puede realizar otra audición prestando atención a la personalidad, la situación profesional y familiar, los intereses y los gustos de la persona que quiere alquilar el piso. En grupos realizarán una ficha imaginaria con el máximo número de datos que puedan imaginarse.
- Si el nivel del grupo lo permite, puede pedirles que hagan una dramatización similar a la de la audición: algunos alumnos simularán mostrar su piso a otro compañero con el fin de vendérselo.

CLAVE DE RESPUESTAS

ACTIVIDAD B
- **Ha llamado al piso de la izquierda (tiene cuatro habitaciones, un aseo con ducha y un cuarto de baño con bañera).**
- **Lo que va a hacer es visitarlo, porque le gusta el piso.**
Pero cada alumno puede interpretar otras intenciones: lo va a comprar, o lo va a alquilar, o va a verlo y luego mirará otros, etc.

ACTIVIDAD C
- **Sí. Sí. Tiene una buena vista, está en una zona con poca contaminación, tranquila y sin ruidos, la propietaria está dispuesta a alquilarlo por 80.000 ptas al mes.**
La valoración del piso (**¿Crees que está bien?**) es subjetiva. Cada alumno puede expresar y razonar su opinión.

Libro de trabajo: ③ ④ ⑤ ⑥ ⑦ ⑧

❶ Direcciones

Comprensión auditiva y lectora, en parejas o en grupos de tres, de direcciones y abreviaturas.

FÍJESE EN QUE...

- Los ordinales se usan de dos formas: en masculino para referirse al piso y en femenino para referirse a la puerta (**3º 1ª: tercer piso, primera puerta**), aunque las puertas también se identifican a veces mediante letras (**A, B, C...**) o con **izquierda/derecha**.
- Entre el nombre genérico (**calle, plaza, avenida, paseo...**) y el nombre propio (**Cervantes, Isaac Peral, Acacias**, etc.), es vacilante la presencia u omisión de la preposición **de: Plaza Cervantes** o **Plaza de Cervantes**.

CLAVE DE RESPUESTAS

C/ Cervantes, 13, 3º A
Avda. Isaac Peral, 97
Pº de las Acacias, 29, ático izquierda
Pza. del Rey Juan Carlos, 83, esc. A, entlº 1ª

❷ La primera a la derecha

Interacción oral en parejas sobre instrucciones en la calle.

FÍJESE EN QUE...

- Se presenta y se practica el Imperativo afirmativo. La actividad, sin embargo, puede realizarse sin usar verbos (como se ejemplifica en la primera muestra de INSTRUCCIONES EN LA CIUDAD en la columna central). También puede realizarse con la forma perifrástica **tener que** + Infinitivo, o incluso con el Presente de Indicativo.

PROCEDIMIENTOS

- Puede practicar primero sin verbos, prestando atención a los otros recursos necesarios (**Por..., hasta..., allí, y luego...; la primera/la segunda, a la derecha/izquierda, todo recto, hasta el final**).
- Luego puede seguir practicando como más oportuno le parezca: con los verbos en Presente para pasar luego al Imperativo, con los verbos directamente en Imperativo, o dejando a sus alumnos que elijan la forma que prefieran.

❸ ¿Está Alejandro?

Comprensión auditiva de conversaciones y recados al teléfono.

FÍJESE EN QUE...

- Se presenta aquí la forma **estar** + Gerundio y los recursos habituales en los recados al teléfono.

MÁS COSAS

- Después de que completen el cuadro, puede efectuar una nueva audición y pedirles que presten atención y anoten las distintas formas de responder al teléfono y dejar un recado.

CLAVE DE RESPUESTAS

	¿Dónde está? ¿Qué está haciendo?	¿Quién le llama?
Maruja	**en la ducha**	**Luisa, una compañera de oficina**
Elisabeth	**durmiendo**	**Miguel, un compañero de la escuela**
Gustavo	**en el club, jugando al tenis**	**su hermano David**
El señor Rueda	**en Bilbao, de viaje**	**Maribel Botero, de Campoamor Abogados**

4 ¿Tú o usted?

*Observación de los distintos criterios para la elección del tratamiento (**tú**/**usted**).*

FÍJESE EN QUE...
- Las viñetas gráficas y el texto escrito que las acompaña representan situaciones y diálogos distintos a los que contiene la grabación magnetofónica.

PROCEDIMIENTOS
- La primera actividad de los alumnos consiste en reconocer las formas **tú** y **usted** (del Presente de Indicativo y del Imperativo) en textos escritos, con sus correspondencias en otros sistemas: el posesivo (**su** dirección / **tu** dirección), los pronombre átonos (**te** presento / **le** presento), el uso del nombre propio o el apellido, solos o precedidos de **Sr.**/**Sra.**
- Después, realizan otra actividad consistente en analizar las razones para la elección entre una u otra de las dos formas de tratamiento.
- Seguidamente, los alumnos deberán discriminar los tratamientos a partir de una audición. Los diálogos grabados ofrecen nuevas muestras de la diversidad de opciones que los hablantes pueden tomar.
- Como se indica en el comentario del libro, esta cuestión presenta una cierta complejidad, que se ve acrecentada por factores de tipo social y geográfico, así como de preferencias personales.

PARA SU INFORMACIÓN
- En los últimos años, en España se ha extendido mucho el uso del tuteo y cada vez se usa menos la forma **usted**. Puede afirmarse que en algunos lugares (especialmente en ciudades como Madrid), la forma **usted** ha desaparecido de muchas conversaciones, incluso en radio y televisión, y ha quedado limitada a contextos muy formales (juicios, discursos oficiales, relaciones muy jerarquizadas, etc.).

CLAVE DE RESPUESTAS
Los factores generales que los hablantes toman en consideración para elegir el tratamiento son:
- **el grado de conocimiento y familiaridad**; con conocidos, amigos, familiares y vecinos, se suele tutear.
- **la jerarquía**: entre personas de diferente estatus se usa **usted**.
- **la edad**: a los niños, siempre se les tutea; a los ancianos, con los que no hay relación de parentesco, se les suele tratar de **usted**.
Hay que tener en cuenta que estos factores se combinan e interrelacionan de modo que la casuística resultante es bastante compleja.

Libro de trabajo: (9) (10) (11) (12) (13) (14) (15) (16) (17) (18) (19) (20) (21)

1 **Invitados en casa: una llamada de teléfono**

Interacción oral en parejas sobre conversaciones telefónicas.

FÍJESE EN QUE...

- En esta actividad se crea el contexto necesario para la realización de la tarea prevista en la actividad 3 de esta lección.
- Para ello se fijan los roles sociales: anfitrión/a español/a, invitado/a extranjero/a.
- Los alumnos A adoptarán la personalidad de los anfitriones españoles: por eso, se les proporciona un nombre (según sea hombre o mujer el alumno concreto).
- Los alumnos B se representan a sí mismos, pero también adoptan una situación ficticia, puesto que van a tener un amigo/a o pareja de entre los otros alumnos B de la clase.

PROCEDIMIENTOS

- Divida su clase en dos mitades: una mitad con todos los A y otra con todos los B.
- Pídales que preparen en parejas o en pequeños grupos su intervención, ayudándose de las fichas del ejercicio y del apartado "Os será útil".
- Tienen que elegir en el plano de la ciudad la dirección donde viven. En esta fase de preparación será bueno elegir más de una, y prepararse distintas preguntas e instrucciones desde diversas posibilidades.
- Cuando ya estén preparados, póngales de dos en dos (un alumno A y un alumno B) para que simulen la llamada telefónica. Si quiere respetar al máximo las condiciones de comunicación en una llamada, haga que las parejas se sienten dándose la espalda; así se evita el contacto visual y, por consiguiente, la comunicación no lingüística, tal y como sucede en la realidad.

2 **La visita: preparación del guión**

Interacción oral en parejas sobre la comunicación en las visitas.

FÍJESE EN QUE...

- Algunos de los alumnos mantienen su anterior papel (Juan Ramón o Elisa y el chico/a extranjero/a que ha aceptado la invitación por teléfono). Otros cambian de papel, ya que pasan a ser la pareja de Juan Ramón o Elisa, o el amigo/a o pareja del chico/a extranjero/a.

PROCEDIMIENTOS

- Forme las parejas de anfitriones y de huéspedes que luego vayan a escenificar la visita.
- Si el número de alumnos no es múltiple de cuatro, forme algunos grupos de tres (de invitados o de anfitriones), y dígales que asignen un papel determinado a la tercera persona.
- Cada pareja decide qué papel va a representar cada uno de sus componentes.

3 **La visita: a escena**

Escenificación de una visita en grupos de cuatro.

PROCEDIMIENTOS

- De las dos fases que sugiere el ejercicio, asegúrese de que todos los grupos realizan la primera. En la segunda, la representación en público, bastaría con que un grupo la escenificara voluntariamente. Sin embargo, puede animar a otros grupos a que hagan también su escenificación; de este modo podrán aparecer diferencias en la representación que pueden ser interesantes de comentar.

Libro de trabajo:

VIVE BIEN. AGENCIA INMOBILIARIA

❶ ¿Quién crees que va a elegir cada una de estas viviendas?
Comprensión lectora de anuncios de pisos.

PROCEDIMIENTOS
- Pída a sus alumnos que identifiquen los tres tipos de clientes que aparecen en el texto: pareja joven de profesionales sin hijos, grupo de estudiantes universitarios y ejecutivos extranjeros.
- Seguidamente, puede proponerles que, en pequeños grupos, realicen un pequeño retrato-robot de las expectativas de cada uno de estos grupos en relación con la vivienda.
- Luego, tienen que buscar en los anuncios la vivienda más apropiada para cada uno.

❷ Vas a ir a vivir a Barcelona
Comprensión lectora e interacción oral sobre preferencias personales en cuestión de viviendas.

PROCEDIMIENTOS
- Trabaje primero los aspectos relativos al exterior y a la situación; aquí puede comparar el texto del anuncio con el pequeño plano que reproduce.
- Trabaje después los aspectos relativos al interior de las viviendas.

MÁS COSAS
- Puede trabajar con las cuatro fotografías de viviendas que hay en la parte central de las dos páginas: pisos modernos (la fotografía es de la Villa Olímpica de Barcelona), casas adosadas, casas de un pueblo y casa de campo. Los alumnos pueden hablar de las ventajas e inconvenientes de cada una y de sus preferencias personales.
- Puede organizar el siguiente juego: cada alumno escribe un anuncio por palabras, similar a los de esta lección, en el que describe su vivienda actual o una imaginaria. Luego se intercambian los anuncios. Cada alumno debe leer qué piso le ha tocado y decidir si le convendría o no y por qué.

Éste es demasiado pequeño para mí. Sólo tiene una habitación y yo tengo tres hijos.

Gente que canta: "Buenos días, señor Presidente"

- Puede proponer a sus alumnos que escuchen la canción con los ojos cerrados e imaginen la situación:

¿A qué personajes ves?
¿Qué edades tienen?
¿Cómo van vestidos?
¿Qué hora del día es?
¿Dónde están?
¿Qué hay a su alrededor?

- Sería conveniente ayudar a los alumnos a percibir el sentido irónico del texto con preguntas como:

¿Son gente importante?
¿Le interesan estas personas al presidente? ¿Las quiere conocer?
¿Qué significa aquí la expresión "decirle que somos y que estamos"?
¿Por qué dice que "no quería molestar"?

Gente que lee: capítulo 10

- Tras la lectura del capítulo, puede pedir a los alumnos que especulen sobre la continuación de la historia:

¿Qué crees que le pasará a Alba? ¿La rescatará la policía?
¿Qué crees que hace la abuela de los Martínez a esas horas por esas calles?

Vamos a escribir
la biografía de una
persona de nuestro país.
Aprenderemos a:
- ✔ referirnos a datos
  biográficos e históricos,
- ✔ situar los
  acontecimietos en el
  tiempo,
- ✔ indicar las
  circunstancias en
  que se produjeron.

gente e historias

❶ Fechas importantes

Interacción oral en pequeños grupos sobre acontecimientos internacionales.

FÍJESE EN QUE...

- La referencia a acontecimientos se presenta aquí con el Indefinido **fue** referido al nombre del acontecimiento y seguido de la fecha. En la LEC.42 se introduce el uso del Pretérito Indefinido.
- También se introduce en esa misma lección el Imperfecto. La visión del sistema de referencias del pasado está eminentemente orientada a la comprensión de dicho sistema. Los aspectos productivos están muy limitados y se presentan con fuertes apoyos.

PROCEDIMIENTOS

- Introduzca la actividad preguntándoles a sus alumnos si reconocen los acontecimientos de las imágenes (caída del muro de Berlín, coronación del Rey Juan Carlos, Juegos Olímpicos de México 68), y pidiéndoles que den fechas aproximadas. O puede suferirles que busquen en la página 111 los nombres y las fechas correspondientes a estas imágenes.
- Si sus alumnos tienen problemas para recordar las fechas de estos acontecimientos, vea la sugerencia de MÁS COSAS.

MÁS COSAS

- Los alumnos pueden formular preguntas sobre acontecimientos recientes a los que se sientan más vinculados:

A1: **¿Cuándo fue la última final de la Liga de campeones?**
A2: **El 20 de mayo del año pasado.**

CLAVE DE RESPUESTAS

Caída del Muro de Berlín: **9/11/89**
Coronónación de Juan Carlos I: **22/12/75**
Inauguración de los Juegos Olímpicos de México: **12/10/68**
Golpe de Estado contra Allende en Chile: **11/10/73**
Ingreso de España en la ONU: **15/12/55**
Golpe de Estado en la Unión Soviética contra M. Gorbachov: **19/8/91**
Asesinato de John Lennon: **9/12/80**
Acuerdos de París: Retirada de EE.UU. de Vietnam: **24/1/73**
Conferencia de Yalta entre Stalin, Roosevelt y Churchill: **4/2/45**
Éxito de Elvis Presley: número 1 en las listas: **21/4/56**
Llegada del Apolo XI: **21/7/69**

❷ ¿Y en tu país?

Interacción oral sobre hitos históricos.

MÁS COSAS

- Si sus alumnos han realizado estas actividades con cierta facilidad y rapidez, puede introducir ya uno de los usos del Imperfecto con los verbos **estar** o **tener**. Retomando la última frase de la muestra de producción oral de 1, los alumnos pueden ampliar la información:

Lo recuerdo perfectamente. Yo tenía 9 años.
Lo recuerdo perfectamente. Ese día / Ese año yo estaba de viaje...

Libro de trabajo:

1 **1953, 1978, 1995: diarios de adolescentes españoles**

Comprensión lectora e interacción oral en parejas sobre el diario de unos adolescentes españoles.

FÍJESE EN QUE...

- La clave para la resolución del problema planteado está en las referencias históricas que aparecen en los textos de los diarios, es decir, los acontecimientos citados por los adolescentes y que han de corresponder a los años 1953, 1978 y 1995 (que hay que añadir a la fecha que encabeza cada diario).
- Aunque ni usted ni sus alumnos recuerden las fechas exactas de los acontecimientos mencionados, éstos se han elegido de manera que puedan asignarse con facilidad a una de las tres épocas en que se escriben los diarios (principios de los años 50, finales de los 70, mediados de los 90).

PROCEDIMIENTOS

- Puede empezar trabajando la imagen y hablando sobre cada uno de los personajes:

¿Qué edad tiene ahora, en la foto actual?
¿Qué edad tenía en la otra foto?
¿Qué recuerdas tú de esos años: en cine, en deportes, en política...?

- A continuación puede pedirles que hagan una lectura rápida de los textos de los diarios, a ver si encuentran algún dato que puedan relacionar con esas fechas. Puede guiar la lectura por intereses:

¿A quién le gusta mucho el cine / la música pop / el fútbol?
En el diario A/B/C puedes encontrar una referencia de ese tema.

- Finalmente pueden leer los tres diarios y resolver la tarea.

CLAVE DE RESPUESTAS

Diario	Año	Claves
A	1953	Cine: *Cantando bajo la lluvia* NO-DO Reconocimiento del régimen de Franco por EE.UU. y entrada de España en la ONU Di Stefano al Real Madrid No se menciona la televisión
B	1978	Cine: *Encuentros en la tercera fase* Música: The Police Ya hay televisión Primer vuelo del Concorde Primer bebé probeta Constitución española del 78
C	1995	Cine: *Forrest Gump, Balas sobre Broadway* Sarajevo: guerra en Bosnia Chirac: elecciones en Francia Música: Prince

---

PARA SU INFORMACIÓN

- El **NO-DO** (Noticiario Dominical) era un informativo elaborado semanalmente por el gobierno franquista que se proyectaba en todas las salas de cine antes de la película de turno.

2 Tiempos pasados

Observación de las formas de los tiempos del pasado.

FÍJESE EN QUE...

- Se facilita una primera aproximación al uso de estos tres tiempos verbales, presentándolos junto a un marcador temporal. Se ha optado por dar una regla práctica (Perfecto/**hoy**, Indefinido/**ayer**, Imperfecto/cualquiera de los dos), aunque ésta no se ajuste por completo a la realidad en todos los países.

- Lo importante es, por un lado, el valor particular del Imperfecto frente a los otros dos; y por otro lado, el reconocimiento de la morfología de los tres tiempos. Ambos aspectos se trabajarán en la LEC.42, pero aquí se pueden observar en contextos más amplios.

Libro de trabajo:

❶ **Años importantes en la vida de nuestro grupo**

Expresión escrita e interacción oral en pequeños grupos sobre experiencias personales. Observación de la morfología del Indefinido.

FÍJESE EN QUE...

- El recuadro facilita todas las formas verbales, conjugadas en primera persona, necesarias para resolver la actividad.

PROCEDIMIENTOS

- Introduzca la actividad con un trabajo de toda la clase, para que los alumnos entiendan la mecánica:

En 1975 Diana terminó sus estudios; el día 8 de enero.
¿Alguien más en la clase terminó sus estudios ese año?
¿Alguien de la clase recuerda el año en que terminó sus estudios?
¿Para alguien el 1975 es un año importante?

- Según las respuestas de los alumnos, se escriben las fechas en la casilla correspondiente.
- Luego los alumnos continúan en pequeños grupos.

MÁS COSAS

- Finalizada la actividad, los grupos informan a la clase del contenido de su cuadro. En la columna central tienen la conjugación del Indefinido, con cuya ayuda pueden preparar la presentación en tercera persona.

En nuestro grupo, Fátima entró en la universidad en 1996 y Giovanni se fue a vivir a Londres en 1998.

❷ **Recuerdos en la radio**

Comprensión auditiva de acontecimientos y fechas.

FÍJESE EN QUE...

- No se dice la fecha de todos los acontecimientos que se mencionan. En la CLAVE DE RESPUESTAS tiene la relación de aquellos de los que sí se dice.
- El texto facilita mucha más información de la que se les pide a los alumnos que reconozcan.

MÁS COSAS

- Puede realizar una nueva audición para que los alumnos reconozcan la información personal que da el entrevistado: así se introducirá el EJ.3.

CLAVE DE RESPUESTAS

Recuerdos	Fecha
Vio el plástico por primera vez	año 54 ó 55
Visita de Eisenhower a España (acuerdos con Franco)	1955
Visita de Eva Perón	1956
Muerte de Che Guevara	1967
Muerte de M. L. King	1968
Muerte de J. F. Kennedy	1963
Llegada a la Luna	21/7/1969

4 A las 7.45 ha salido

Comprensión auditiva y lectora de un relato de acontecimientos.
Expresión escrita e interacción oral sobre un relato de acontecimientos.
Observación de la morfología del Pretérito Perfecto.

FÍJESE EN QUE...
- La serie de siete imágenes no se corresponde con las observaciones de la ficha del detective (seis)
sino con el relato del protagonista, contenido en la grabación magnetofónica.

PROCEDIMIENTOS
- Puede trabajar en primer lugar las imágenes, haciendo que los alumnos expliquen en tiempo presente lo
que ven y le den una posible interpretación a la historia.
- Luego, leyendo la ficha del detective pueden modificar su primera versión e intentar dar la versión real,
esta vez con indicaciones horarias precisas.
- A continuación escriben el informe del detective, en Pretérito Perfecto y con frases aisladas. Con ello
tienen el esquema de los datos que, tras escuchar la cinta, enriquecerán con circunstancias y marcadores,
convirtiéndolo en un texto más trabajado.

MÁS COSAS
- Puede proponerles realizar una nueva versión del informe completo en Pretérito Indefinido (esta vez oral,
con los datos que recuerden) del informe completo, en Pretérito Indefinido. Además de practicar la morfología de este tiempo, comprobarán el valor del Imperfecto, inalterado en los dos relatos.

Libro de trabajo:

43 TAREAS

❶ Historias personales de españoles

Comprensión lectora e interacción oral en grupos de tres sobre biografías de españoles.

FÍJESE EN QUE...

- Para que la fase final sea efectiva (cada grupo lee ante la clase la biografía de su personaje) debe procurar que no todos los grupos elijan los mismos personajes.
- Son personajes ficticios, y cualquier biografía es imaginable. Pero tiene que ser coherente, creíble y apropiada a lo que sugiere la imagen.
- En esta actividad, los distintos grupos construyen una biografía imaginaria a partir de lo que les sugiere la imagen y los datos que hay en los cuadros. Los personajes tienen en común el haber vivido la España del siglo XX.

PROCEDIMIENTOS

- Puede empezar interpretando la imagen:

¿Qué tienen en común estas personas?
¿En qué se distinguen?

- Y a continuación pueden trabajar por grupos, en dos fases: una primera, de selección de los datos, y una segunda, de escritura del texto.
- En la primera fase pueden considerar los seis apartados (A-F) o inventar datos. Estos seis apartados contienen todos los datos que podemos usar. Existe libertad total de elección, así como de orden de inclusión de los datos.
- En la segunda, conviene trabajar primero con los cinco primeros (A-E) y dejar el apartado F para el final, introduciéndolo en el texto con la frase **Hemos hablado con ... que vivió con intenso interés**. Esta fase cumple la función de completar la imagen del personaje y facilitar más datos para su identificación.

❷ Un personaje conocido nuestro

Expresión escrita e interacción oral sobre biografías.

PROCEDIMIENTOS

- Conviene primero formar grupos en torno a personajes.
- Para facilitarles la tarea de elegir a un personaje, puede escribir una lista en la pizarra, con los nombres de aquellos personajes que sugieran los propios alumnos y que usted mismo puede ampliar.
- Una vez formados los grupos y elegido el personaje, hay que proceder a la selección de datos. Para ello, los apartados A-E del ejercicio anterior pueden ser muy útiles ya que pueden sugerir los datos que vamos a poner (por analogía o por contraste entre los personajes) y presentan, además, las estructuras y el vocabulario necesario.
- Al igual que en la actividad anterior, hay que añadir el apartado F. Aquí necesitaremos datos históricos relevantes para los nuevos personajes. Puede proceder nuevamente a la elaboración de una lista general con las sugerencias de los alumnos y los datos que usted pueda añadir.

Libro de trabajo:

EXTRAÑOS EN LA NOCHE

1 **¿Qué edad crees...?**

Comprensión lectora e interacción oral sobre la descripción de una persona.

FÍJESE EN QUE...

- Para la respuesta a la pregunta sobre la edad, hay datos objetivos en el texto "Extraños en la noche" (la infancia, la escuela...). Para la segunda pregunta, los alumnos deben recurrir a su imaginación y basarse en una atenta lectura del fragmento de la novela.

PROCEDIMIENTOS

- Puede empezar pidiéndoles a sus alumnos que comenten diversos aspectos: la imagen, el título del texto ("Extraños en la noche") y su primera frase (**Son las doce de la noche. Noticias en Radio Nacional de España**), con la que se abrían los noticiarios radiofónicos durante la dictadura del general Franco.
- A continuación puede pedirles que busquen en el texto los motivos de la imagen: la cena, la radio y la ventana abierta a la noche, los edificios de Moscú, el mapa de Andorra (entre Francia y España), las imágenes del Papa y de Kennedy.
- Finalmente pueden realizar una lectura más atenta.

> ### PARA SU INFORMACIÓN
> - **Julio Llamazares** nació en León, provincia del norte de España en la que hay unas minas de carbón a las que alude el texto. En la novela *Escenas de cine mudo*, el autor recrea el mundo de su infancia en Olleros, uno de los pueblos mineros de León.

2 **Un cuento muy breve**

Comprensión lectora e interacción oral sobre un cuento.

MÁS COSAS

- Puede pedirles a sus alumnos que imaginen una respuesta para estas preguntas:

¿Quién despertó?
¿Dónde es allí?

> ### PARA SU INFORMACIÓN
> - **Augusto Monterroso** nació en Guatemala y ha vivido exiliado en México desde 1944. Escribe relatos breves y fábulas llenos de fantasía y humor, con una visión de la vida irónica, amarga y tierna a la vez.

Libro de trabajo: **21**

Gente que canta: "Y luego pasaron días..."

Puede establecer en clase una conversación después de oír la canción: los alumnos cuentan qué evoca para ellos la canción. Puede hacerles las siguientes preguntas:

¿Cómo era el pueblo blanco? ¿Qué había en él? ¿Quién vivía allí? ¿Por qué se fue del pueblo el protagonista? ¿Por qué volvió? ¿Qué pasó?

Gente que lee: capítulo 11

Tras leer este capítulo los alumnos ya saben algunos datos de la historia. Puede preguntárselo:

¿Recordáis que hacía la abuela de los Martínez sola de noche por las calles?
¿Por qué no dijo nada cuando vio a Alba?